guldîne linge

Fünf Essays zu Gottfrieds *Tristan*

von

Tobias Bulang

REICHERT VERLAG WIESBADEN 2021

Umschlagabbildung: Bayerische Staatsbibliothek München, Cgm 51, 90^{v} (Ausschnitt)

Bibliografische Information der Deutschen Nationalbibliothek

Die Deutsche Nationalbibliothek verzeichnet diese Publikation in der Deutschen Nationalbibliografie; detaillierte bibliografische Daten sind im Internet über http://dnb.ddb.de abrufbar.

Gedruckt auf säurefreiem Papier
(alterungsbeständig – pH7, neutral)

www.reichert-verlag.de
ISBN: 978-3-7520-0592-9 (Print)
eISBN: 978-3-7520-0065-8 (E-Book)
https://doi.org/10.29091/9783752000658

Inhaltsverzeichnis

Vorwort und Dank

Das Bedürfnis, den täglichen Sorgen und der Unruhe im Jahr 2020 Konzentration und Ablenkung gleichermaßen entgegenzusetzen, führte dazu, dass ich die Unterlagen der Antrittsvorlesung wieder aufnahm, welche ich im Sommer 2013 an der Heidelberger Ruperto Carola gehalten hatte. Unter dem Titel „*guldîne linge.* Ästhetische Transformationen von Wissen in Gottfrieds *Tristan*" bezweckte ich seinerzeit programmatisch Fragestellungen meiner künftigen Forschungen zu exponieren. Gottfrieds *Tristan* war dabei eine besondere Rolle zugedacht. Es kam dann naturgemäß alles ganz anders, was auch mit dem enormen Anregungspotential meiner neuen Umgebung zu tun hatte. Die damaligen Ausführungen galten dem Gold in Gottfrieds Roman und seiner metaphorischen Übertragung auf Sprache und Dichtung. Der Versuch, die Poetik des Textes aus seiner multiplen Kontextbezüglichkeit nachzuzeichnen, schien mir auch nach der langen Zeit noch tragfähig. Diese Überlegungen lege ich nun ausgebaut und um neue Aspekte ergänzt als fünf Essays vor. Von einer monographischen Abhandlung mit dem Anspruch, das Romanfragment insgesamt zu würdigen, habe ich abgesehen, weil hier angesichts der dichten und verdienstreichen *Tristan*-Forschung zu vielen Aspekten des Textes Redundanz drohte.

Die Frage, ob es wirklich noch eines weiteren *Tristan*-Buches bedarf, beunruhigte mich. Ich mache die freundlichen Ermunterungen zur Veröffentlichung und auch die kritischen Diskussionen meiner Überlegungen für das Vorliegen des Bändchens verantwortlich, welche mich von Seiten alter und neuer Freundinnen und Freunde erreichten. Sophie Knapp hat zuerst alle Essays kritisch ausgewertet und somit die Voraussetzung dafür geschaffen, dass sie inhaltlich und sprachlich weiteren anspruchsvollen Leserinnen und Lesern zumutbar waren. Für die Lektüre einzelner Teile des Buches und die kritische Auseinandersetzung mit ihnen danke ich herzlich Stefan Seeber, Isabella Managò, Romedio Schmitz-Esser, Herfried Vögel, Alexander Rudolph, Jonas Grethlein, Regina Toepfer und Susanne Reichlin. Zu danken habe ich auch Ludger Lieb und den Teilnehmenden unseres gemeinsamen Forschungskolloquiums für die Diskussion des Minnegrotten-Essays. Carola Kasimir danke ich für unermüdliches Korrekturlesen und Literaturbesorgungen, Sophie Knapp und Martin Schneider kamen bei den Endkorrekturen zu Hilfe. Dem Reichert Verlag danke ich für die Aufnahme des Manuskripts ins Verlagsprogramm, Anna Sara Lahr habe ich für das fachkundige und gründliche Lektorat sowie für den Satz zu danken.

Da ein Buchprojekt – und sei es auch klein – sich immer wie ein neues Mitglied im Haushalt anfühlt und aufführt, welches eigene Ansprüche stellt an Aufmerksamkeit und Pflege, eigensinnig auf seinen vorgeblichen Rechten beharrt und sich hin und wieder auch unhöflich benimmt, habe ich meinen beiden Kindern und meiner Frau sehr zu danken, die der Sache mit verlässlicher Nachsicht und Großmut, manchmal sogar mit Neugier begegnet sind.

Heidelberg, den 6.4.2021 Tobias Bulang

Eins

Die Rückkehr der Sirenen des Boethius

Sirenes sínt mére-tîer. fóne déro sánge intslâfent tie uérigen.[1]

Gottfrieds von Straßburg Bearbeitung des *Tristan*-Stoffes enthält über die Stofftradition hinaus extensive Reflexionen auf das Wesen wahrer Liebe. Die diskursiven Passagen des Werkes – der Prolog, die ausführlichen Exkurse und viele Erzählerkommentare – konfrontieren das stoffgeschichtlich Vorgegebene mit einer Wertediskussion, machen die Geschichte zum Demonstrationszweck einer heterodoxen Liebeskonzeption. Dabei können die diskursiven und die narrativen Passagen jedoch keineswegs immer bruchlos aufeinander bezogen werden, sie stehen oft in einem Spannungsverhältnis zueinander.[2] Es ist allerdings diese Modellierung der *Relevanz* des Erzählten, die Gottfrieds Roman eine ganz eigene Prägung verleiht.

Die Liebeskonzeption ist dabei auf das Engste verknüpft mit einer Kunstreflexion. Ausführlich kommt Gottfried in seinem Roman auf die Dichtung, ihre Produktion, Traditionen, Wirkungen und Gründe zu sprechen. Diese Dichtungslehre entfaltet sich nicht im Medium einer erprobten Terminologie – eine volkssprachliche Poetik im Sinne expliziter Dichtungslehre steht nicht zur Verfügung –,[3] sondern vielmehr unter Zuhilfenahme von Metaphern und Mythenzitaten,[4] die ihrerseits vielfach in der erzählten Geschichte wiederaufgenommen und gespiegelt werden, wodurch die Erzählung und ihr Diskurs mannigfach aufeinander bezogen sind.[5] Deshalb muss eine gültige Interpretation des Romans seine Konzeption auch aus diesen Bildfeldern und Mythenzitaten entwickeln.

Ich möchte im Folgenden die Implikationen einer solchen Spiegelung ausfalten. Es geht dabei um Gottfrieds sirenische Ästhetik. Sirenen werden in Gottfrieds Dichtergebet

---

1 Notker, Boethius *De Consolatione* 1986, 10.

2 Die Frage nach der Vereinbarkeit von Exkursen und Handlung ist für die Gottfried-Forschung zentral, vgl. dazu die Forschungsüberblicke zum Problem bei Schnell 1982, 334–340 und Huber 2013, 129–139. Vgl. auch Huber 1988, 131–132. Im Zeichen der Utopie als vermittelt betrachtet die Erzählung und die Exkurse Tomasek 1985, 117–123. Differenz zwischen Trankminne und Diskursminne behauptet Schirok 1994. Widersprüchlichkeit zwischen Reflexionen und Erzählung konstatiert Haug 2002, 287; Haug 1996; Unbestimmtheit Mühlherr 2002. Dass in der höfischen Literatur insgesamt der Versuch „Liebespassion mit Werterkenntnis zu versöhnen und unbedingte Liebe als Stimulus der Idealisierung darzustellen“ an Grenzen führe, betont Müller 2007, 419.

3 Vgl. Dicke, Eickelmann, Hasebrink 2006.

4 Vgl. zur „Anspielungsrezeption“ antiker Mythologie in der klassischen mittelhochdeutschen Literatur besonders M. Kern 1998; zum Mythos als ‚Denkgewohnheit‘ grundlegend von Graevenitz 1987; für das Mittelalter: Friedrich, Quast (Hg.) 2007; zur ästhetischen Funktionalisierung der mythologischen Anspielung im *Tristan* vgl. M. Kern 2000.

5 Vgl. dazu Kiening 2007; Flecken-Büttner 2011; Schneider 2015.

adressiert (V. 4862–4906), einem Passus mit hoher poetologischer Valenz im Rahmen des außerordentlichen Literaturexkurses in diesem Roman (V. 4555–5011). Gottfrieds Dichtergebet und die darin anzutreffende Sirenenberufung lese ich vor dem Hintergrund der *Consolatio Philosophiae* des Boethius. Die Befunde dieser Lektüre werde ich sodann auf Isoldes Sirenengesang und Tristans Harfenspiel beziehen. Anliegen ist dabei die Exemplifizierung der wechselseitigen Bezüglichkeit von Narration und interpoliertem ästhetischen Diskurs, welche die Exponierung einer bestimmten Wirkungsästhetik von Dichtung über die Liebe bezweckt.

Als Gottfried anhebt, um von Tristans Schwertleite zu erzählen, stockt er und betont seine Unfähigkeit angesichts einer literarischen Tradition, die solche Entfaltungen höfischer Pracht bereits vortrefflich geleistet, dabei allerdings auch die literarischen Mittel abgenutzt habe.[6] Den Unfähigkeitstopos entnimmt Gottfried ebenso der Tradition der lateinischen Dichtung, wie die affektierte Bescheidenheit, mit der er ihn vorbringt.[7] Auch wenn der Begriff des Epigonen als des mediokren Nachahmers dem 19. Jahrhundert angehört,[8] äußert sich bei Gottfried doch deutlich ein Epigonalitätsbewusstsein.[9] Erstaunlicherweise bezieht dieses sich auf die deutsche höfische Epik und Lyrik, die – berücksichtigt man die in der folgenden Dichterschau genannten Epiker und Lyriker – sich überhaupt erst während gut dreier Jahrzehnte vor dem *Tristan* herausgebildet hatte. Gottfried stellt im Folgenden als Preisrichter die Frage, wer Anspruch auf den poetischen Lorbeer habe und bespricht sodann Rede, Stil und Erzählung deutschsprachiger Dichter. Dass es sich hier um die erste deutsche Literaturgeschichte handle, wie es in der Forschung mitunter hieß,[10] ist zu relativieren, denn Gottfried inszeniert diese Tradition nicht um ihrer selbst willen, sondern *pro domo*. Zuletzt wird er sich selbst überbietend an ihre Stelle setzen.[11] Bemerkenswert ist, dass Gottfried für die Würdigung der volkssprachlichen Dichtung vielfach auf antike Traditionen zurückgreift. Bereits seine Inszenierung einer Krönung des besten Dichters mit Lorbeer erscheint geradezu als Vorwegnahme antikisierender humanistischer Dichterkrönungen späterer Zeiten.[12] Und den deutschen Dichtern ordnet Gottfried rühmend Inspirationsressourcen antiker Mythologie zu: Heinrich von Veldeke empfängt seine Begabung aus dem Pegasusquell,[13] die Nachtigall *von Hagenouwe* – von der Forschung zumeist als Reinmar der Alte identifiziert – wird mit dem orphischen Gesang in Verbindung

---

6 Die enge Verknüpfung des Exkurses mit dem Ritual der Schwertleite zeigt erstmals Fromm 1967.

7 Vgl. Curtius [10]1984, 93f.

8 Vgl. Meyer-Sickendieck 2001. Die Antike und das Mittelalter kennen das Phänomen literarischer Nachträglichkeit nicht unter dem Begriff der Epigonalität; vgl. DNP 3 1997 (Latacz), 1106–1107, s. v. ‚Epigonoí'.

9 Windfuhr differenziert den Epigonen nach „Begriff, Phänomen und Bewußtsein", für das Mittelalter geht er besonders auf Rudolf von Ems ein (S. 201–202), bei dem Gottfried-Zitate vorkommen; vgl. Windfuhr 1959.

10 Vgl. z. B. Fromm 1967, 333: „eine Art Urheros der Literaturhistoriker". Dass Gottfried nicht als neutraler Literaturhistoriker vorgehe, vermerkt Wolf 1988, 414; kritisch zur Lesung des Exkurses als ‚Literaturgeschichte' bereits Hahn (1967) 1973, 234–235.

11 Vgl. Kellner 2001, 180–181.

12 Vgl. Schulze (1967) 1973, 287.

13 *Tristan*, V. 4731: *ûz Pêgases urspringe*; vgl. Hahn 1967, 231f.; Müller-Kleimann 1990, 289–293.

gebracht,[14] bei Walther von der Vogelweide stammt die Inspiration *von Zythêrône, | dâ diu gotinne Minne | gebiutet ûf und inne* (V. 4808–4810). Gottfried nennt hier statt der Insel Kythera, bei der es sich um den antiken Kultort der Aphrodite handelt, den Musenberg Kithäron. Der Mythensynkretismus zielt auf die inspirierende Kraft der Liebe für die Kunst.[15]

Die vergleichenden Antikenreferenzen für die Vorgänger kennen in solcher Summierung nichts Vergleichbares in der deutschen Literatur der Zeit. Vor diesem Hintergrund erweisen sich Gottfrieds poetische Unfähigkeitsbeteuerungen schließlich als Ausgangspunkt für ausführliche poetologische Reflexionen, die in ein eigenwilliges Dichtergebet münden, welches schließlich die mythologischen Gründe der eigenen Dichtkunst entfaltet. Gottfried bietet in dieser „einzige[n] Musenanrufung der deutschen Literatur des Mittelalters“[16] eine Summe und zugleich eine Überbietung aller zunächst einzelnen Dichtern zugewiesenen Inspirationsinstanzen:

> [...] mîne vlêhe und mîne bete
> die wil ich êrste senden
> mit herzen und mit henden
> hin wider Êlicône
> ze dem niunvalten trône,
> von dem die brunnen diezent,
> ûz dem die gâbe vliezent
> der worte unde der sinne.
> der wirt, die niun wirtinne,
> Apolle und die Camênen,
> der ôren niun Sirênen,
> die dâ ze hove der gâben pflegent,
> ir genâde teilent unde wegent,
> als si ir der werlde gunnen,
> die gebent ir sinne brunnen
> sô vollecliche manegem man,
> daz si mir einen trahen dâ van
> mit êren niemer mugen versagen.
> und mac ouch ich den dâ bejagen,
> sô behalte ich mîne stat dâ wol,
> dâ man si mit rede behalten sol.
> der selbe trahen der eine
> der ist ouch nie sô cleine,
> er'n müeze mir verrihten,
> verrihtende beslihten

14 *Tristan*, V. 4790–4792: *ich waene, Orphêes zunge, | diu alle dœne kunde, | diu dœnete ûz ir munde.*

15 Die ältere Forschung hat hier Verwechslungen konstatiert, dagegen bereits Mergell 1949, 167f.; auch Chinca 1997, 61. Urteile der älteren Forschung zur ‚verworrenen' Antikenrezeption Gottfrieds versammelt Dietz 1974, 33–39.

16 M. Kern 2000, 23.

beidiu zungen unde sin,
an den ich sus entrihtet bin. (*Tristan*, V. 4862–4888)[17]

Übersetzung: [...] mit Herz und Händen flehend und bittend will ich mich zum ersten Mal an den Helikon wenden, an den neunfachen Thron, aus dem die Quellen strömen, die die Gaben der Rede und der Sinnfindung mit sich führen. Der Hausherr und seine neun Herrinnen, Apollo und die neun Musen, Sirenen für die Ohren, die da am Hofe die Gaben in ihrer Obhut haben, ihre Gnade den Menschen schenken und so zuteilen, wie es ihnen beliebt, sie geben den Quell der poetischen Kraft vielen Leuten in solchem Maß, daß sie mir einen Tropfen davon, ohne die Ehre zu verlieren, nicht versagen können. Und kann ich den ergattern, so behaupte ich meine Stellung dort, wo Dichtung sich zu behaupten hat. Dieser eine Tropfen, der kann gar nicht so winzig sein, daß er mir nicht Wort und Sinn wieder in Form bringen und formvoll zu trimmen vermöchte, die mir so aus der Form geraten sind. (Haug)

Der Berg Helikon mit der Quelle Hippokrene und dem Sitz der neun Musen, deren Gesang vom *Musagetes* Apoll angeführt wird, ist Inspirationsgrund Gottfrieds. Aufgenommen werden antike Traditionen und diese werden zugleich modifiziert: Die Musen werden mit den Camenen identifiziert, ursprünglich altitalische Quellgöttinnen, die schon in antiker Tradition bereits früh mit den Musen gleichgesetzt wurden.[18] Auch dass sie bei Gottfried im Zeichen des Wohlklangs ihres Gesangs für die Ohren mit den Sirenen in eins gesetzt werden, ist nicht ohne Vorbild.[19]

Vor dem Hintergrund der Dichterschau erscheint Gottfrieds Inspirationsbitte aber auch als konsequente Zusammenführung und Überbietung der dort einzelnen Autoren zugeordneten Dichtungsgründe: Bei Bligger von Steinach waren es die Feen, welche die Fäden in ihren Quellen reinigten, Heinrich von Veldeke verdankt Pegasus seine Inspiration – die Zusammenführung von Quellnymphen und Pegasusquell fusioniert solche Einzelreferenzen. Bei Walther wurde der Musenberg mit dem Kultort der Aphrodite kontaminiert. Gottfrieds Gebet an den Helikon um Inspiration nimmt alle diese Momente auf und reichert sie weiter an.[20] Keinen seiner Dichterkollegen hatte er mit dem Sirenengesang in Verbindung gebracht. Durch die Hinzunahme der Sirenen – sie sind der Tradition als Männer verführende Sexualwesen geläufig[21] – werden die erotischen Konnotationen der Inspirationsinstanz noch gesteigert. Dies erscheint im Rahmen von Gottfrieds Erotoästhetik nur konsequent, auch scheinbare Verwechslungen (Kithäron, Kythera) wirken vor diesem Hintergrund kalkuliert und schlüssig.

Mit der folgenden zweiten *invocatio*, die Gottfried auf die erste folgen lässt, kommen zusätzlich genuin christliche Inspirationsinstanzen ins Spiel:

---

17 Zitiert wird der *Tristan* nach folgender Ausgabe: Gottfried von Straßburg, *Tristan und Isold*, hg. von Walter Haug und Manfred Günter Scholz. Mit dem Text des Thomas, hg., übers. und kommentiert von Walter Haug, 2 Bde., Berlin 2011.

18 Pauly RE Bd. 5 1897, 1427–1428 (Aust), s. v. ‚Camenae'.

19 Vgl. die Belege bei Okken Bd. 1 ²1996, 261–268.

20 Vgl. Kellner 2001, 180–181.

21 DNP 11 (Nünlist, Bäbler), 593–260, s. v. ‚Sirenen', zur mittelalterlichen Rezeption: Rahner 1957, 445–467, erneut und mit Schwerpunkt auf den ekklesiologischen Deutungen Rahner 1964, 249–260.

die selben gotes gâbe
des wâren Êlicônes,
des oberesten trônes,
von dem diu wort enspringent,
diu durch daz ôre clingent
und in daz herze lachent,
die rede durchliuhtec machent
als eine erwelte gimme,
die geruochen mîne stimme
und mîne bete erhœren
oben in ir himelkœren
und rehte als ich gebeten hân! (*Tristan*, V. 4896–4907)

Übersetzung: Diese Göttinnen der Gaben des wahren Helikon, des obersten Thrones, von dem die Worte ihren Ursprung nehmen, die klingend ins Ohr dringen und ins Herz lachen und die Dichtung durchsichtig machen wie einen kostbaren Edelstein, diese Göttinnen mögen meinen Anruf und meine Bitte erhören oben in ihren Himmelschören und so, wie ich es erfleht habe. (Haug)[22]

Diese zweite *invocatio* gilt auch dem Helikon, allerdings ist er hier mit dem Attribut ‚wahr' versehen: Gottfried betet zum wahren Helikon, er spricht nicht mehr nur vom Hof der Musen, der bereits in der ersten *invocatio* auch als Thron apostrophiert wurde, sondern nun vom obersten Thron und bringt zudem die Himmelschöre ins Spiel. Wie Herbert Kolb deutlich gemacht hat, ist die zweite *invocatio* somit deutlich auf die christliche Transzendenz als Ort der Inspiration der Dichtung zu beziehen.[23] Das Attribut ‚wahr' zeigt beim Eigennamen in der exegetischen Literatur an, „daß die durch den Namen bezeichnete Figur, unter einem bestimmten Gesichtspunkt betrachtet, in Christus ihre Erfüllung gefunden hat; dabei wird zugleich ein Materielles zu einem Geistigen erhöht, der Buchstabensinn oder die ‚Geschichte' in einem spirituellen Sinn ausgedeutet."[24] Auch Figuren der antiken Mythologie konnten so als Präfigurationen christlicher, neutestamentlicher Figuren gedeutet werden. Dabei war wieder die Vorstellung einer Steigerung, einer Spiritualisierung wesentlich. Wenn Gottfried also vom wahren Helikon, dem obersten Thron und den Himmelschören spricht, so ist damit der dreieinige Gott anvisiert. Solcherart ist eine deutliche Überbietung der in der Dichterschau genannten Kollegen gegeben. Denn bei keinem von ihnen war die christliche Transzendenz in irgendeiner Weise relevant.

22 Die Interpretationsprobleme der Passage hängen auch mit Übersetzungsschwierigkeiten zusammen. Grammatisch ist bereits fraglich, was in V. 4896 als Subjekt des Satzes anzusehen ist. Nimmt man an, dass *gotes* hier Singular ist, so erschwert dies den Anschluss an die erste *invocatio* und erzeugt außerdem eine Numerusinkongruenz mit dem Plural in V. 4904, der wiederum als Anspielung auf die Dreifaltigkeit verstanden werden könnte. Vgl. zu dieser und zu weiteren Schwierigkeiten die Diskussion im Kommentar von Manfred Günter Scholz: Gottfried von Straßburg, *Tristan* Bd. 2 2011, 393–395.

23 Dies ist in der Forschung nicht unumstritten geblieben; vgl. aber M. Kern 2000, 25f.; Wachinger 2002, 247–250; Flecken-Büttner 2011, 230–231.

24 Vgl. Kolb (1967) 1973, 1; Wolf 1974, 97–98.

Man kann wohl nicht mehr behaupten, wie dies die ältere Forschung mitunter tat, Dichtung werde bei Gottfried aus einem außerchristlichen Urgrund abgeleitet,[25] stamme allein von Apoll und den Musen,[26] oder die in der geistlichen Dichtung des Mittelalters geläufige Herleitung des Dichtersinnes vom Heiligen Geist werde säkularisiert.[27] Ebensowenig überzeugt die These, Gottfried entfalte im Rückgriff auf die ‚Himmlische Hierarchie' des Dionysios Areopagita eine schlüssige ästhetische Theologie, welche die Mannigfaltigkeit der Kreaturen einer hierarchisch geordneten Schöpfung anagogisch auf die Chöre der Engel bezieht.[28] Solche Interpretationen suchen eine verstörende Zweideutigkeit bei Gottfried zu vereindeutigen und somit zu tilgen.[29] Gottfried ist weder neuplatonischer Theologe, noch betreibt er eine Säkularisation sakraler Sinnbildung. Aber welchen Zweck hat diese doppelte *invocatio*? Welcher Status kommt der christlichen Transzendenz zu? Immerhin müssen moraltheologische Vorbehalte wach werden, deutete man die Stelle daraufhin, dass Gottfried die Inspiration für die Ehebruchsgeschichte Tristans und Isoldes vom Heiligen Geist empfangen habe. Auf nichts anderes aber läuft es hinaus, wenn man in der typologischen Figur letztlich das Gebet an den Heiligen Geist wiedererkennt,[30] welcher bei Gottfried an dieser Stelle übrigens nicht ausdrücklich erwähnt wird. Der Bezug von erster und zweiter *invocatio* erschien in der Forschung immer wieder als erklärungsbedürftig. Louise Gnädinger erwähnt die „gewagte zweideutige Manier", in der sich Gottfried durch die In-Eins-Setzung von Musenberg und Himmelschören die Protektion der antik-heidnischen und der christlichen Höchstinstanz sichere.[31]

‚Gewagt' ist diese Anordnung nicht wegen der allegorischen Deutung der Musen als Himmelschöre;[32] der Bezug der ersten, paganen *invocatio* auf die zweite, christliche, wird vielmehr durch die Hinzunahme von Sirenen und Camenen, die hier mit den angelischen Himmelschören harmonieren, intrikat. Denn dabei stören gegenläufige Auslegungstraditionen des Sirenengesangs eine bruchlose Sinnfindung. Zwar kennt die Tradition die singenden Himmelssirenen, aber sie kennt daneben auch die verführerischen Gesänge der gleichnamigen Meeresungeheuer. Die Himmelssirenen sind platonisch-pythagoräischer Provenienz und werden durch Macrobius dem Mittelalter weitergegeben. In seinem weit rezipierten neuplatonisierenden Kommentar zum *Somnium Scipionis* Ciceros findet sich

25 Vgl. Weber Bd. 2 1953, 293f.

26 Vgl. Wolf 1974.

27 Vgl. Ohly (1961/1962) 1966, 292.

28 Vgl. Backes 1990.

29 Die konstitutive Zweideutigkeit christlicher Bezüge und paganer Topik arbeitet Gruenter in seiner Untersuchung des *locus amoenus* im *Tristan* heraus: vgl. Gruenter, Das *wunneclîche tal* (1961) 1993, bes. 132f. Dass Gegensätze und Widersprüche für Gottfrieds Erzählprogramm konstitutiv seien, zeigt Haferland 2000; kalkulierte Ambivalenz und Unbestimmtheit vermerkt Mühlherr 2002; anstatt Widerspruch und Ambivalenz sieht Müller 2003, 219 eine unabgestimmte „Koexistenz des Gegensätzlichen" am Werk.

30 Auf dieses Problem wies Wolf 1974, 98 hin.

31 Gnädinger 1967, 15.

32 Mit Hinweis auf die allegorische Lesart der Musen sucht Kern die Forschungsprobleme der Stelle zu lösen; vgl. M. Kern 2000, 25f.

auch die Synonymie von Sirenen, Musen und Camenen.[33] Auf jeder der rotierenden Himmelssphären, so referiert Macrobius Platons *Politeia*,[34] sitze eine der Sirenen und singe. Der Zusammenklang der Töne der acht Sphären ergebe einen Akkord, die kosmische Harmonie.[35] In diesem Zusammenhang rekurriert Macrobius auf die Theogenie des Hesiod und bringt die Musen ins Spiel, erwähnt schließlich auch, dass die Musen der Gesang des Alls seien und dass die Etrusker sie ‚Camenen' nannten, was er mit einer pseudoetymologischen Verballhornung begründet, welche den Namen vom Verb *canere* (singen) ‚ableitet' (*Camenas, quasi Canenas, a canere*).[36] Vor dem Hintergrund dieser kosmosphärischen Tradition des Sirenengesangs ist ihre Projektion in den Himmel bei Gottfried ein Stück weit plausibel, auch wenn die angelischen Himmelschöre gemäß christlicher Kosmologie streng genommen jenseits des Firmaments den göttlichen Lobpreis singen. Völlig gegenläufig zu solcher Spiritualisierung der Sirenen freilich ist der breite Strom der dämonisierenden Deutungen, welche an die Sirenen aus Homers *Odyssee* anknüpfen.[37] Die Meeresungeheuer, etymologisch als Bestrickende oder Fesselnde identifiziert, welche die Schiffer mit ihrem Gesang betören, so dass diese an den Felsen zerschellen, wurden seit der Patristik ekklesiologisch auf die *navigatio* der Kirche hin zu ihrer eschatologischen Heimat und auf ihre Bedrohung durch die Häresien bezogen[38] sowie moralisch auf die *pericula*, die dem Christen auf der Lebensfahrt von verführerischen Hetären drohen. In euhemeristischer Deutung wurden die Sirenen mitunter direkt als Prostituierte verstan-

---

33 Friedrich Heberlein hält fest, dass die Gleichsetzung der Musen und Sirenen nicht dem Mythos entspreche, der vielmehr von einer Rivalität zwischen Musen und Sirenen ausgehe (Hinweis auf den Musensarkophag im Metropolitan Museum, New York); vgl. Macrobius 2019, 433–434.

34 Plat. Polit. 617b: „Auf den Kreisen derselben aber säßen oben auf jeglichem eine mit umschwingende Sirene, *eine* Stimme von sich gebend, jede immer den nämlichen Ton, aus allen achten aber insgesamt klänge dann *ein* Wohllaut zusammen." (Übersetzung: Schleiermacher).

35 Macrobius 2019, lib. 2: 3,1 (252f.): *Hinc Plato in Re publica sua, cum de sphaerarum caelestium uolubilitate tractaret, singulus ait Sirenas singulas orbibus insidere significans sphaerarum motu cantum numinibus exhiberi. Nam Siren ‚deo canens' Graeco intellectu ualet. Theologi quoque nouem Musas octo sphaerarum musicos cantus et unam maximam concinentiam, quae confit ex omnibus, esse uoluerunt.* – „Aus diesem Grund hat Platon in seinem *Staat* gesagt, als er sich mit der Rotation der Himmelssphären beschäftigte, dass auf jeder Sphäre eine Sirene sitze, womit er sagen wollte, dass durch die Bewegung der Sphären den Göttern ein Gesang dargeboten werde. Denn Sirene bedeutet auf Griechisch soviel wie ‚für die Gottheit singend'. Auch die Theologen haben angenommen, dass die neun Musen für die Musik der einzelnen acht Sphären und den einen großen Akkord, der daraus hervorgeht, stehen." (Übersetzung: Heberlein).

36 Ebd.

37 Vgl. Krohn 1999; M. Kern 2000; M. Kern 2003.

38 Mit besonderem Fokus auf der ekklesiologischen Auslegung: Rahner 1964, 254–258.

den.[39] Bei Proklos bereits galten sie als Symbole der Weltlust schlechthin.[40] Auch wenn gelegentlich festgestellt wurde, die Sirenen hätten in Gottfrieds *Tristan* einiges von ihrer bei Homer vorhandenen dämonischen Macht verloren,[41] bleiben diese Sexualwesen in Gottfrieds Dichtergebet ein Fremdkörper insofern, als ihre traditionelle christliche Dämonisierung geradezu als Missklang bei der Abstimmung der Antike mit den christlichen Traditionsbeständen vernehmbar wird.[42] Und dies insbesondere auch deshalb, weil Isolde an späterer Stelle ebenfalls mit einer Sirene verglichen wird, wobei das *tertium comparationis* ihr betörender Gesang ist, der alle entrückt und in Trance versetzt. Gottfried wird ihre Zuhörer an betreffender Stelle mit schiffbrüchigen Seeleuten vergleichen, womit deutlich auf die dämonischen Sirenen der *Odyssee* angespielt wird. Erfleht Gottfried noch von den sirenischen Himmelschören, sie mögen ihm Zunge und Verstand *verrihten*, da er an beiden *entrihtet* sei, so wird Isoldes Sirenengesang den Zuhörern den Verstand rauben.[43]

Gottfrieds Poetik kann konzeptionell erheblich konkretisiert werden, wenn man für die Sirenen einen weiteren der wenigen Texte der Tradition zur Hand nimmt, in denen sie ausdrücklich als Inspirationsinstanzen benannt und mit Musen und Camenen in eins gesetzt werden. In diesem Text ist die Abwertung der Sirenen in hohem Maße poetologisch relevant. Bei dem zu konsultierenden Werk handelt es sich um einen in vielerlei Hinsicht für mittelalterliche Gelehrsamkeit und Redekunst einschlägigen Text, die *Consolatio Philosophiae* des Boethius.[44] Mit seinem Namen verbindet sich ein Fenster, durch das antikes Wissen trotz des Untergangs Roms und der Völkerwanderungen ins Mittelalter überliefert wird, beziehungsweise ein Fenster, durch welches sich das Mittelalter Wissens-

39 Etwa im Vergil-Kommentar des Servius: *Sirenes secundum fabulam tres, parte virgines fuerunt, parte volucres [...]. harum una voce, altera tibiis, alia lyra canebat; [...] quæ inlectos suo cantu in naufragia deducebant. secundum veritatem meretrices fuerunt, quae transeuntes quoniam deducebant ad egestatem, his fictae sunt inferre naufragia.* – „Die Sirenen sind, der Fiktion zufolge, drei Mädchen-Vogel-Mischgestalten gewesen [...]. Von ihnen musizierte eine mit der Singstimme, die zweite mit der (Doppel-)Flöte und eine dritte mit der Leier; [...] und jene, die sie mit ihrer Musik betört hatten, brachten sie vom Kurs ab und ließen sie schiffbrüchig werden. In Wahrheit sind es Prostituierte gewesen, welche, weil sie ja die Passanten arm machten, in der Fiktion die Opfer schiffbrüchig machten." (Übersetzung: Okken Bd. 1 ²1996, 267.) Isidor, Etymologien XI, III, 30–31 übernimmt diesen Passus weitestgehend; vgl. zur euhemeristischen Deutung der Sirenen als Prostituierte mit weiteren Belegen auch Rahner 1964, 251.

40 Vgl. ebd. Auch bei Honorius Augustodunensis stehen die Sirenen des Odysseus für die Laster und Begierden, von denen sich das Christenvolk abwendet; PL 172, 857a. Vgl. zur Dämonisierung der Sirene in Antike und Hellenismus mit reichem Belegmaterial bereits Crusius 1891.

41 Krohn 1999, 560.

42 Zur Sirene als „mythologische[r] Figur von [...] hoher Ambivalenz" M. Kern 2000, 15.

43 Dass Gottfried die Sirenen in seine Inspirationsgründe einbaut, hat mit der klangästhetischen Dimension seiner Poetik zu tun, vgl. Schneider 2012.

44 Die *Consolatio* wurde bisher oft punktuell für das Verständnis von Gottfrieds *Tristan* konsultiert; vgl. einzelne Verweise bei Okken Bd. 1 ²1996, 260 (Sirenen); Kästner 1981, 78 (Orpheus-Hymnus); Bleumer 2008, 42 (Orpheus). Umfassendere Erwägungen bei Ganz 1970 und Worstbrock 1995, zusammengeführt bei Flecken-Büttner 2011, 132–134, 140–142, 156f. Die musikwissenschaftlichen Schriften des Boethius werden in die *Tristan*-Interpretation einbezogen bei Jackson 1962 und Firestone 1996.

bestände der Antike aneignet.[45] Neben dem Kloster von Montecassino und den *Etymologien* des Isidor liegt mit den Werken des Boethius ein für das Verständnis des Mittelalters völlig unverzichtbarer Wissensspeicher vor. Als höchster römischer Beamter im Dienst des Ostgotenkönigs Theoderich lebte er in einer spannungsreichen Krisenzeit. Der Philosoph und Schriftsteller verfolgte das überaus ehrgeizige Projekt, alle Werke des Platon und des Aristoteles aus dem Griechischen ins Lateinische zu übersetzen und zu kommentieren. Aufgrund seiner Hinrichtung konnte dieses Projekt nur in Ansätzen ausgeführt werden. Die von Boethius überlieferten Übersetzungen und Kommentare sowie seine Lehrbücher zu Mathematik, Logik und Musik gehören zu den besonders bedeutenden Traditionsgütern des Mittelalters, seine *Consolatio Philosophiae* ist eines der durch das ganze Mittelalter bis ins 17. Jahrhundert meistgelesenen philosophischen Bücher überhaupt.[46] Dieser Text entstand nach Boethius' Verhaftung und erzählt davon, wie ein verzweifelter Gefangener Trost in der Philosophie findet. Das Prosimetrum ist aufgrund der 28 verschiedenen Versmaße, die in ihm angewandt werden, auch einschlägig für die Überlieferung antiker Metren.

In der den Text eröffnenden Klage in elegischen Distichen bezeichnet der Dichter seine Musen explizit als „Camenae".[47] Die *Consolatio* hebt an mit dieser Klage eines Gefangenen, der durch das Leiden vorzeitig vergreiste, und in Begleitung seiner ebenfalls trauernden und ihm Klagegesänge eingebenden Dichtermusen auf die Freuden seiner Jugend und die Wechselfälle des Lebens zurückblickt. Diese Situation wird durch die Ankunft einer weiblichen Gestalt unterbrochen. Die Dame tritt ein mit höchst ehrwürdigem Antlitz, mit funkelnden und durchdringenden Augen, jung und stark, obgleich bejahrt, ihre Größe ändert sich: einmal ist sie so groß wie ein Mensch, ein andermal berührt ihre Stirn den Himmel, auf ihrem Gewand sind griechische Buchstaben eingewebt. Die Gestalt ist uneigentlich, ein Sinnbild, und sie personifiziert ein Abstraktum: Es ist die Philosophie als allegorische Gestalt, die den Trauernden heimgesucht hat. In den fünf Büchern der *Consolatio* vollzieht sich fortan die Therapie des Kranken: *Philosophia* wird ihm die Nichtigkeit seiner Trauer auseinandersetzen, die Wechselfälle der Welt und die Beschränktheit menschlicher Erkenntnis erläutern und ihm zeigen, dass sich der Philosoph, der nach dem höchsten Glück strebt, von den Wechselfällen des Daseins nicht beeindrucken lässt. Beispiele dafür sind Sokrates und Seneca, die ebenfalls politisch verfolgt waren und in Würde standhielten. In dem Dialog finden sich Lehren Platons und Aristoteles' und auch der Stoa. Inwieweit die *Consolatio* des Boethius das Christentum des Verfassers reflektiert, wird in der Forschung diskutiert,[48] gleichwohl war diese Philosophie in hohem Maße an das christliche Ideal der Weltabwendung anschlussfähig. Das macht die intensive Rezeption im Mittelalter

45 Vgl. Heitmann 1973, 23.

46 Flasch 2000, 70; vgl. Bühler, Kann, Gutknecht 2005.

47 *Consolatio* 1, m.I, 3–4: *Ecce mihi lacerae dictant scribenda Camenae | et veris elegi fletibus ora rigant*; zitiert wird Boethius, *Consolatio*, hg. von Moreschini 2005. Die Camenen bei Boethius werden in den Übersetzungen durch Musen substituiert: „Seht, ich schreibe nur hin, was mir schmerzhafte Musen befehlen" (Weiß 1956, 7); „Siehe, zerrissene Musen befehlen mir, was ich schreibe […]" (Karl Büchner; Boethius 1947, 1); „Also schreiben mir vor voll Schmerz die verwundeten Musen […]" (Ernst Gegenschatz und Olof Gigon; Boethius [5]2019, 7).

48 Vgl. z.B. Beierwaltes 1983; Moreschini 2014, 92–144.

deutlich,[49] es handelt sich um den meistkommentierten Text, er war Schullektüre, wurde in die Volkssprachen übersetzt und war auch Gottfried mit Sicherheit vertraut.

Mit Blick auf den *Tristan* interessiert mich nun das Verhältnis von Philosophie und Dichtung. Denn der Gefangene wird ja explizit als Dichter, von seinen Musen umgeben, dargestellt. Die eintretende Dame, die dem der philosophischen Weisheit Entfremdeten Verzweiflung diagnostiziert, schreitet sogleich zur Tat. Das erste, was sie unternimmt, ist die Vertreibung der Dichtermusen:

> Als sie die Dichtermusen, die mein Lager umstanden und meiner Tränenflut Worte liehen, erblickte, sprach sie etwas erregt und mit finster flammenden Blicken: Wer hat diesen Dirnen der Bühne den Zutritt zu diesem Kranken erlaubt, ihnen, die seinen Schmerz nicht nur mit keiner Arzenei lindern, sondern ihn obendrein mit süßen Giften nähren möchten? Sind sie es doch, die mit dem unfruchtbaren Dornengestrüpp der Leidenschaften die fruchtreiche Saat der Vernunft ersticken, die der Menschen Seelen an die Krankheit gewöhnen, nicht sie davon befreien. (Gegenschatz, Gigon)[50]

Um dem Kranken die Genesung zu ermöglichen, vertreibt die Philosophie nun die Dichtermusen, wobei sie diese pejorativ als Sirenen anspricht:

> Drum hinweg ihr Sirenen, die ihr süß seid zum Verderben, überlasst ihn meinen Musen zur Pflege und zur Heilung! – So gescholten senkte jener Chor tief bekümmert die Blicke zu Boden, Erröten verriet ihre Scham und traurig gingen sie über die Schwelle hinaus. (Gegenschatz, Gigon)[51]

Sirenen als Inspirationsquellen der Dichtung kommen solcherart – vermittelt durch die Beschimpfung der Philosophie – bei Boethius in der *Consolatio* explizit vor. Insofern ist genau diese Stelle für das Dichtergebet einschlägiger als andere Quellen.

Ich möchte den Konsequenzen der Musen- und Sirenenberufung vor diesem Hintergrund etwas nachspüren.[52] Ob Gottfried hier intentional die *Consolatio* des Boethius kommentierend heranzieht, ist nicht zu entscheiden. Gleichwohl erlaubt der Blick auf das Gedankengebäude des Boethius herauszustellen, wie radikal Gottfrieds Poetik der Liebespassion ist. Die Philosophie diagnostiziert ihrem Patienten Lethargie, die in der Vergessenheit seiner selbst gründe: „Weil du von Vergessenheit deiner selbst verwirrt bist, fühlst du dich schmerzlich als verbannt und der eigenen Güter beraubt" (Gegenschatz, Gigon).[53]

---

49 Vgl. die Beiträge in Glei, Kaminski, Lebsanft (Hg.) 2010.

50 *Consolatio* 1, 1, 25–33: *Quae ubi poeticas Musas vidit nostro assistentes toro fletibusque meis verba dictantes, commota paulisper ac torvis inflammata luminibus: Quis, inquit, hac scenicas meretriculas ad hunc aegrum permisit accedere, quae dolores eius non modo nullis remediis foverent, verum dulcibus insuper alerent venenis? Hae sunt enim, quae infructuosis affectuum spinis uberem fructibus rationis segetem necant hominumque mentes adsuefaciunt morbo, non liberant.* – Die Passagen in Prosa aus der *Consolatio* werden zitiert nach der Übersetzung von Ernst Gegenschatz und Olof Gigon in Boethius [5]2019.

51 *Consolatio* 1, 1, 37–39: *Sed abite potius, Sirenes usque in exitium dulces, meisque eum Musis curandum sanandumque relinquite!*

52 Vgl. die Spezialuntersuchung über die Kommentartradition zur Verdammung der Musen in der *Consolatio*: Heitmann 1973.

53 *Consolatio* 1, 6, 40–41: *Nam quoniam vero tui oblivione confunderis et exsulem te et exspoliatum propriis bonis esse doluisti.*

Therapiert wird der Gefangene durch Ansprache, im Dialog und mittels Gesängen. Seine Resilienz wird Schritt für Schritt dadurch befördert, dass er der logischen Widersprüche seiner Klagen überführt wird und mit dem Auflösen dieser Widersprüche hinaufsteigt zum wahren Glück, welches als das Eine, das Gute und Göttliche gefasst ist. So vermitteln die logischen Exerzitien der Philosophie letztlich Anweisungen für eine widerspruchsfreie Existenz, als deren Ziel das höchste Glück ausgewiesen ist. Alle abweichenden Vorstellungen von einem höchsten zu erstrebenden Gut werden wiederum logisch als falsch, weil in sich widersprüchlich, disqualifiziert.

Diese Art und Weise der Kontingenzbewältigung durch konsequente Reflexion und Unstimmigkeitsbereinigung ist Gottfrieds Sache nicht, seine Figuren stecken in inneren Widersprüchen fest und bestätigen eine Bemerkung Sigmund Freuds an seine Braut, „dass nur in der Logik Widersprüche existenzunfähig sind".[54] Voraussetzung für den Aufschwung der Seele aus den Niederungen der Selbstvergessenheit in die lichten Höhen der Erkenntnis ist bei Boethius die Distanzierung der Affekte:

> Du also, willst du
> schauen mit klarem
> Lichte, was wirklich,
> willst auf dem rechten
> Pfad deines Wegs gehn,
> freue dich nicht mehr,
> nichts mehr auch fürchte,
> Hoffnung laß hinten,
> Schmerz laß nicht bei dir!
> Trüb ist der Sinn und
> liegt noch in Fesseln,
> wo all dies Macht hat. (Weiß)[55]

Solchem Stoizismus wird in Gottfrieds Würdigung und Forderung empathischer Teilhabe am Schicksal seiner Liebenden widersprochen.[56] Bildfelder, die Boethius zur Veranschaulichung nutzt, erscheinen bei Gottfried nachgerade umgebaut. So nutzt die Philosophie im zweiten Gesang des dritten Buches Bilder gefangener Tiere, auch Gottfried bringt dergleichen in seinen Fallengleichnissen. Aber während die *Philosophia* zeigt, wie sich die Tiere nach Freiheit sehnen und sich aus der Gefangenschaft befreien, sobald sie ihrer früheren Freiheit und inneren Bestimmung gewahr werden, führt Gottfried vor, wie sich seine Figuren in den Fallen der Liebe immer tiefer verstricken, wenn sie ihnen zu ent-

54 Freud 2011, 167 (an Martha Barnays, Juli 1882). Die Äußerung findet sich im Rahmen einer Eifersuchtstirade Freuds, in welcher es schließlich über den Konkurrenten heißt: „Am wenigsten darf man die Möglichkeit solcher Widersprüche in den Gefühlen von Künstlern verleugnen, die keine Veranlassung haben, ihr inneres Leben der strengen Kontrolle des Verstandes zu unterwerfen." Ebd.

55 Die Gesänge aus der *Consolatio* werden nach der Übersetzung von Konrad Weiß wiedergegeben; Weiß 1956, 20–23. *Consolatio* 1, m.VII, 20–31: *Tu quoque si vis | lumine claro | cernere verum, | tramite recto | carpere callem, | gaudia pelle, | pelle timorem | spemque fugato | nec dolor adsit. | Nubila mens est | vinctaque frenis | haec ubi regnant.*

56 Vgl. zu Gottfrieds empathischem Erzählen Huber 2014.

kommen suchen. Wie beim Vogel auf der Leimrute führen sowohl bei Riwalin als auch bei Isolde alle Versuche, sich zu befreien, nur dazu, dass das Herz noch fester am Leim der Liebe haftet,[57] während sich der von der Last des Irdischen frei gewordene Geist bei Boethius auf Fittichen hinauf in den Äther erhebt. Anders als Boethius empfiehlt Gottfried die Bezähmung der Leidenschaften nicht, sondern ihre methodische Steigerung.

Für den Aufstieg bei Boethius, aber auch für die Verstrickung in die Liebe bei Gottfried, für das Ende der Selbstvergessenheit beim einen ebenso wie für Trance und Entrückung beim anderen, wirkt die Musik als bedeutender Auslöser. In der *Consolatio* ist die Macht der Musik zentraler Bestandteil der philosophischen Therapie. Der existenziell ermattete Gefangene wird von den Gesängen der Philosophie gestärkt, sie werden als mal leichtere, mal stärkere Arzneitränke metaphorisiert:

> Aber ich sehe, dass du schon längst durch das Gewicht der Untersuchung belastet und, durch die Ausführlichkeit der Erörterung ermüdet, einige Süße im Gesange erwartest. Empfange also einen Trunk, auf dass du, durch ihn wieder hergestellt, um so fester zu Weiterem streben mögest. (Gegenschatz, Gigon)[58]

Musik, die den Ermatteten „um so fester zu Weiterem streben" lässt, wird bei Boethius allerdings einer Norm unterworfen. Darauf wurde mit dem Exil der Sirenen bereits deutlich hingewiesen. Abgesehen von der elegischen Eröffnungsklage des trauernden Gefangenen, die als Negativexempel pathogener Poetik perspektiviert ist,[59] erklingen in der *Consolatio* nur die Gesänge aus dem Hause der Philosophie, die wohldosiert verabreicht werden:

> Aber es ist Zeit, dass du etwas Mildes und Angenehmes schlürfst und kostest, was ins Innere dringt und den Weg für kräftigeren Trank bahnt. Also möge uns die Überzeugungskraft der süßen Redekunst beistehen, welche nur dann auf rechtem Wege voranschreitet, wenn sie unsere Gebote nicht verlässt und mit der Musik, die an unserem Herde heimisch ist, bald heitere, bald ernstere Weisen anstimmt. (Gegenschatz, Gigon)[60]

Bei Boethius wird die Musik – ihrer potentiellen Abgründigkeit bereinigt – für die Erhebung des Patienten und den Aufstieg des Geistes funktionalisiert. Dies entspricht – wie David S. Chamberlain zeigt – der Unterscheidung einer Musik des Lasters von einer der Tugend in Boethius' Musiktheorie (*De institutione musica*).[61] Im Dienste von Philosophie und Logik befördert sie das Wesen einer widerspruchsfreien Existenz: „Boethius wieder-

---

57 Vgl. Courcelle 1958; Huber 2013, 51–52; Flecken-Büttner 2011, 102–108.

58 *Consolatio* 4, 6, 200–203: *Sed video te iam dudum et pondere quaestionis oneratum et rationis prolixitate fatigatum aliquam carminis exspectare dulcedinem; accipe igitur haustum, quo refectus firmior in ulteriora contendas.*

59 Chamberlain 1970; vgl. zu den poetologischen Implikationen der Vertreibung der Dichtermusen, in deren Zentrum die philosophische Kritik der Elegie als Gattung steht, Müller-Goldingen 1989. Zur Musiktheorie des Boethius und zu Schilderung der Musik im *Tristan* Jackson 1962.

60 *Consolatio* 2, 1, 18–24: *Sed tempus est haurire te aliquid ac degustare molle atque iucundum, quod ad interiora transmissum validioribus haustibus viam fecerit. Adsit igitur rhetoricae suadela dulcedinis, quae tum tantum recta calle procedit cum nostra instituta non deserit, cumque hac musica laris nostri vernacula nunc leviores nunc graviores modos succinat.*

61 Vgl. Chamberlain 1970, 84.

holt Platons Einsicht, daß der Böse nicht wirklich konsequent sein kann."[62] Dies liegt ganz in den Fluchtlinien der Vertreibung der sirenischen Dichtermusen – hier setzt sich Lehrdichtung durch. Bei den vertriebenen Musen des Boethius handelte es sich um die elegischen Musen[63] (bei seinem deutschen Übersetzer Notker sind es „leidige" Musen) und ihre Bezeichnung als *scenicae metriculae* ist „wohl eine der härtesten und bösesten Formulierungen, die je mit Blick auf die Dichtung geprägt worden sind."[64] Die Abgründigkeit jener Musik, die in die Selbstvergessenheit und den Selbstverlust führt, ist in der *Consolatio* gleichwohl nicht vergessen, wie der Orpheus-Hymnus im Metrum des Glykoneus am Ende des dritten Buches zeigt. Der Gesang hebt an mit der Bestimmung des Glücklichen als desjenigen, der das Irdische überwindet und das Gute schaut:

> Glücklich ist, wer den lichten Quell
> schon des Guten zu schauen vermocht,
> glücklich, wer aus der schweren Haft
> seiner Erde sich hat befreit. (Weiß)[65]

Überraschend schließt daran – einstweilen noch mit unklarem Demonstrationszweck – die Fabel vom thrakischen Sänger an. Geschildert wird die Macht seines Gesanges über Elemente und Geschöpfe, das Stillen des reißenden Stromes und die sogleich mit dem Lied sich einstellende Friedfertigkeit zwischen Beutetieren und ihren Fressfeinden. Boethius lässt uns wissen, wie der Sohn der Muse die Furien und den Cerberus zähmt, seine Frau von Hades und Persephone wiedergewinnt und sie schließlich endgültig verliert, weil er das Blicktabu bricht. Bei Boethius ist Orpheus aber Negativexempel. Er steht für den Abstieg ins Dunkle, nicht für den Aufstieg zum Licht.[66] Die philosophische Proposition disqualifiziert seinen Gesang, dessen Faszinationskraft der Hymnus soeben noch vorführte:

> Diese Fabel, sie geht an euch,
> euch, die zu seinem obren Tag
> auch den Geist ihr geleiten wollt.
> Vor der Höhle des Tartarus
> wer zu wahren den Blick vergaß,
> tötet, was er zu retten hofft,
> Schönes, blickt er zur Unterwelt. (Weiß)[67]

Die lakonische Funktionalisierung der Orpheus-Fabel für den Gegensatz von Aufstieg zum Licht und Abstieg in die Schatten macht die Rechnung ohne die Liebe des Sängers, die Motivation seiner Kunst aus der Hingabe. Das *fabula docet* des Orpheus-Hymnus kann

---

62 Flasch 2000, 83.

63 Vgl. Müller-Goldingen 1989.

64 Heitmann 1973, 34.

65 Weiß 1956, 69. *Consolatio* 3, m.XII, 1–4: *Felix, qui potuit boni | fontem visere lucidum, | felix, qui potuit gravis | terrae solvere vincula.*

66 Die Wirkungsgeschichte dieser platonischen Lesart des Mythos durch Boethius, ihre christliche Fortdeutung, dokumentiert – neben gegenläufigen Interpretationen – Heitmann 1963, 274–280.

67 Weiß 1956, 71–73. *Consolatio* 3, m.XII, 53–59: *Vos haec fabula respicit | quicumque in superum diem | mentem ducere quaeritis; | nam qui Tartareum in specus | victus lumina flexerit, | quicquid praecipuum trahit | perdit dum videt inferos.*

– mit Blick auf seine christliche Rezeption – als Exempel einer „christlichen Gefangenschaft der Mythologie" gelten.[68]

Die bei Gottfried am Beispiel der musizierenden Protagonisten entfaltete Wirkung der Musik stellt eine Alternative zum philosophisch gezähmten Gesang dar. Inszeniert wird die völlig unberechenbare Ereignishaftigkeit der Musik. Denn die vormals von der Vernunft vertriebenen Dichtermusen kehren bei Gottfried zurück. Süßes Gift bieten sie den Liebenden und führen sie in den Schmerz der Liebespassion, und zwar nicht nur die Liebenden, welche mit dem Gift des Minnetrankes die Liebe bis zum Tod als Schicksal ereilt, sondern auch die Rezipienten der Geschichte. Der Tropfen der Inspiration, den der Dichter vom Helikon und den Himmelschören erfleht, scheint vor diesem Hintergrund ebenfalls kontaminiert.

Gottfried geht es nicht um den Trost der Liebenden, um Heilmittel gegen die Liebe,[69] sondern um die Verstärkung der Passion durch die Literatur. Der Prolog des Romans entfaltet dies programmatisch, das Paar wird es exemplarisch in seinen Tagesablauf bei der Minnegrotte integrieren: Liebende sollen sich mit Liebesgeschichten befassen, die ihren Schmerz steigern, um der vollen Empfindung der Liebe willen,[70] des Erreichens ihrer höchsten Freuden, wie es schließlich die zur Sentenz geronnene Formel des Prologs konstatiert: *swem nie von liebe leit geschach, | dem geschach ouch liep von liebe nie* (V. 204–205). Das bedeutet aber auch, dass Dichtung Medium emotionaler Selbstaffektion und affektiver Steigerung ist, nicht Vehikel höherer Vernunftwahrheiten, wie die Gesänge der Philosophie bei Boethius oder wie später bei Hegel, dem die Poesie als das sinnliche Scheinen der Idee gilt. Ebenso wie die Musik verwirrt die Dichtung die Sinne, sie ist so wie die Gesänge Isoldes und das Harfenspiel Tristans, die in den Zuhörerinnen und Zuhörern nicht höhere Einsicht, sondern Trance auslösen, Selbstvergessenheit statt souveräner Selbstbestimmung. Man kann im Rückgriff auf die Dichtermusen und die Sirenen auch eine poetologische Begründung jener klangvollen Sprache Gottfrieds sehen,[71] welche den Rezipierenden nahelegt, einzustimmen in Aussagen, denen die Vernunft ihre Gefolgschaft versagen müsste. Geradezu hypnotisch eröffnet der Prolog mit zwei Strophen, in denen das Morphem *guot* durch verschiedene Wortarten mäandernd nicht weniger als sieben Mal erklingt:

Gedenket man ir ze guote niht,
von den der werlde guot geschiht,
sô wære ez allez alse niht,
swaz guotes in der werlde geschiht.

68 Jauß 1971.

69 Vgl. zum Roman als kritische Auseinandersetzung mit den *remedia amoris* des Ovid: Meißburger 1954, 10; vgl. zur Ovid-Rezeption bei Gottfried Wolf 1974; jetzt auch Flecken-Büttner 2011, bes. 231–251.

70 Programmatisch im Prolog: *Tristan*, V. 101–103, exemplarisch bei der Minnegrotte V. 17 182–17 199.

71 Vgl. Schneider 2012; M. Kern 2000, 28: „[...] der Vorgang der Inspiration [hat] denselben Effekt [...] wie der Sirenengesang Isoldes. Die Worte klingen durch die Ohren und lachen ins Herz, der inspirierte Dichter verzaubert mit Worten, so wie es die Sirene Isolde tut."

> Der guote man swaz der in guot
> und niuwan der werlt ze guote tuot,
> swer daz iht anders wan in guot
> vernemen wil, der missetout. (*Tristan*, V. 1–8)
>
> Übersetzung: Gedenkt man derer im Guten nicht, von denen den Menschen Gutes geschieht, so wäre es alles soviel wie nichts, was Gutes unter Menschen geschieht. Wenn ein guter Mensch etwas im Guten und nur zum Guten der Menschen tut und jemand dies anders als im Guten aufnehmen will, der tut nicht gut. (Haug)[72]

Es bedarf einer interpretatorischen Anstrengung, um von dieser vom Klang verschütteten Proposition noch zu erfahren, was *guot* und was *niht guot* ist.[73] Wer hier einstimmt, stimmt letztlich zu. Und diese Zustimmung gilt insgesamt auch den zentralen Wertsetzungen des Romans: Die Ehebrecher Tristan und Isolde sind gut, ihre Liebe ist der höchste Wert, dem wir alle eifrig nachstreben sollen, auch wenn wir solche Vollkommenheit nie erreichen werden. Dass Gottfried sich nach der ersten *invocatio* im Gebet an den wahren Helikon noch die Autorität der christlichen Höchstinstanzen sichert, erscheint vor diesem Hintergrund alles andere als schlüssig. Durch die eklektische Hybride aus paganen und christlichen Berufungsinstanzen geht ein Riss, der den Text prägt, und dieser Riss erzeugt für die Interpreten immer erneut Widersprüche und Probleme bei ihrem Versuch, die Geschichte sinnvoll hermeneutisch zu integrieren. Dieser Bruch reflektiert freilich auch die sozialgeschichtlichen und kulturellen Spannungen zwischen einer weltlichen Elite, die ihren höfischen Glanz aus der Positivierung weltlicher Freuden wie Liebe, Turnier, Jagd und Musik schöpft, und einer Klerikerkultur, welche ihren Normhorizont vom Prinzip konsequenter Weltabwendung aus entwirft. Damit geht nicht zuletzt einher, dass beide Kulturen oft ganz unterschiedlich auf antike Überlieferungen zurückgreifen.

Die Vertreibung der Dichtermusen macht die pagane Philosophie bei Boethius mit dem Christentum kompatibel. Nach der Rückkehr der vertriebenen Musen bei Gottfried bleibt ein inkompatibler verstörender Rest und eine klangvolle hypnotische Sprache.

Die implizite Poetik, die sich einerseits aus dem Bezug auf Boethius' *Consolatio*, andererseits aufgrund der einschlägigen Prologpassagen ergibt, wird im Text wirkungsästhetisches Ereignis in der Inszenierung von Isoldes Gesang. Gottfried vergleicht die virtuos Musizierende mit einer Sirene:

> Wem mac ich si gelîchen
> die schœnen, sælderîchen
> wan den Syrênen eine,
> die mit dem agesteine
> die kiele ziehent ze sich? (*Tristan*, V. 8085–8089)

72 Für die hier bezweckte Demonstration einer durch Wortwiederholungen herbeigeführten ‚Verklanglichung' der vorgebrachten Propositionen ist die Frage der Textherstellung in V. 1 unerheblich. Für die Gottfried-Forschung knüpfen sich daran aber weitgehende Interpretationsfragen; vgl. dazu den Kommentar von Manfred Günter Scholz, Gottfried von Straßburg, *Tristan* Bd. 2 2011, 243f.

73 Vgl. Flecken-Büttner 2011, 1.

Übersetzung: Mit wem könnte ich sie vergleichen, die Schöne, Segensreiche, außer mit den Sirenen, die mit dem Magnetstein die Schiffe an sich ziehen? (Haug)

Die Sirenen des Literaturexkurses werden hier in ihrer erotischen Dimension expliziert. Sie verführen mit ihrem Gesang Männer und bringen die Schiffe der Seeleute zum Kentern.[74] Wurde im Literaturexkurs noch ihre *lectio cristiana* mit Blick auf himmlische Chöre nahegelegt, so erscheinen sie nun mit Rekurs auf die griechische Mythologie als Sexualwesen, als dämonische, unberechenbare Gestalten. Der die Nägel aus den Schiffen ziehende Magnetberg, der über orientalische Erzähltraditionen in den Westen gelangt, erscheint gelegentlich als Habitat der Sirenen.[75] Gottfried kreuzt die Seefahrersage vom zum Berg fliehenden Eisen mit den Wirkungen des betörenden Sirenengesangs auf den Sinn des Menschen und gewinnt so ein bezwingendes Gleichnis für die Macht der Musik und den Kontrollverlust, den sie auslösen kann:[76]

als zôch Îsôt, sô dunket mich,
vil herzen unde gedanken în,
die doch vil sicher wânden sîn
von senedem ungemache. (*Tristan*, V. 8090–8093)

Übersetzung: So zog Isold, meine ich, viele Herzen und Gedanken auf sich, die sich gefeit wähnten gegen Liebesnot. (Haug)

Isoldes Gesang befördert einen Identitätsverlust: Auch jene, die sich sicher wähnten, stabil und gefestigt, werden durch ihren Gesang in ein *senedes ungemach* gestürzt. Mit dem Bild des Schiffe zerstörenden Magnetbergs ist die durch Musik ausgelöste Verstörung der Ratio auf den Topos der *navigatio vitae* bezogen. Gemessen am vernünftigen Steuern über das Meer der Kontingenz[77] erscheinen die Zuhörer Isoldes als Scheiternde. So wie der Magnetberg auch den Anker der Schiffe an sich zieht, so nimmt Isoldes Gesang den Menschen Bodenhaftung und Grund. Des Menschen *muot*, sein innerer Sinn, wird so der Fahrt eines Schiffes ohne Anker vergleichbar:

ouch sint die zwô sache,
kiel âne anker unde muot,
z'ebenmâzene guot:
si sint sô selten beide
an stæter wegeweide,
sô dicke in ungewisser habe,

74 Vgl. M. Kern 2003; zur Stelle Wessel 1984, 316–324; M. Kern 2000, 14 mit Hinweis auf die Empfehlung Ovids an die Mädchen, das Musizieren zu erlernen und es den *monstra marinara* bei der Verführung der Männer gleichzutun (vgl. Ovid, *Ars amatoria* III, 311ff.).

75 Vgl. Herweg 2018.

76 Die Wirkungen von Sirenengesang und Magnetberg sind – anders als bei Gottfried – getrennt zu betrachten. Der Sirenengesang veranlasst die Seefahrer dazu, sich in die Nähe der Insel mit dem Magnetberg zu begeben, welcher *dann* das Eisen aus den Bohlen zieht. Für die Überblendung beider Vorgänge wurde die treffende Übersetzung „der Magnetstein des Sirenengesangs" (s.u.) gefunden; vgl. zur Problematik auch M. Kern 2000, 13–14.

77 Vgl. Schnyder 2010.

wankende beidiu an und abe,
ündende hin unde her.
sus swebet diu wîselôse ger,
der ungewisse minnen muot,
reht als daz schif âne anker tuot
in ebengelîcher wîse. (*Tristan*, V. 8094–8105)

Übersetzung: Ja, die zwei Dinge: ein Herz und ein Schiff ohne Anker, die sind gut zu vergleichen. Beide sind kaum einmal auf festgelegtem Kurs, meist in unsicherem Hafen, schaukeln auf und ab, schwanken hin und her. So treibt das steuerlose Verlangen, das ungesichert liebende Herz dahin, genau so, wie ein ankerloses Schiff dies tut. (Haug)

Richtungsloses Begehren wird durch diesen Gesang ausgelöst, Begehren ohne konkretes Objekt, Liebe ohne Ziel.[78] Aus der Perspektive der Philosophie, die auf widerspruchsfreie Existenz zielt, die sich im rational kalkulierten Streben nach einem als wahr erkannten höchsten Glück bewährt, handelt es sich um jene Lethargie, die Selbstvergessenheit, welche dem Gefangenen in der *Consolatio* diagnostiziert wurde.

diu gevüege Îsôt, diu wîse,
diu junge süeze künigîn
alsô zôch si gedanken în
ûz maneges herzen arken,
als der agestein die barken
mit der Syrênen sange tuot. (*Tristan*, V. 8106–8111)

Übersetzung: So zog Isold, die bezaubernde junge Königin, höfisch und voll Geist die Gedanken aus dem Schrein vieler Herzen an sich, wie der Magnetstein des Sirenengesangs die Schiffe an sich zieht. (Haug)

Wer so bezwungen wird, kann von keiner Philosophie mehr getröstet werden, ihm ist die Möglichkeit einer rationalen Bewältigung der wechselvollen Kontingenz der Welt vollständig abhanden gekommen.

Isoldes Harfenspiel und ihr Gesang spiegeln ihrerseits Tristans Virtuosität in diesen Künsten, die sich während einer Aufführung am Markehof gezeigt hatte. Dies wird besonders am Detail der während beider Aufführungen erwähnten weißen Hände der beiden Musizierenden deutlich. Sie lassen die magische Musik erklingen und ihre grazilen Bewegungen hypnotisieren die Zuhörer hier wie dort.

Anlässlich der Darbietungen eines walisischen Harfners am Markehof zeigte Tristan bereits lange vor dem Einsetzen der Isoldehandlung sein Können auf dem Instrument. Tristans Musizieren zieht den Hof in seinen Bann, die Klänge locken zunächst die gesamte Hofgesellschaft herbei, durch die Musik werden die Zuhörer entrückt, die Leute vergessen ihren eigenen Namen. Ihre Herzen und Ohren werden, wie Gottfried uns mitteilt, taub und benommen: Die Leute geraten in eine Trance, ihr Urteilsvermögen ist eingeschränkt, sie schauen angespannt auf die schönen weißen Hände des Musikers Tristan. Und schließlich beginnt Tristan zu singen, er singt in verschiedenen Sprachen, bre-

78 Vgl. Müller 2007, 437; Flecken-Büttner 2011, 67–68 mit schlüssigen Bezügen dieser Kontingenzfigur auf die erzählten Schiffs-Passagen im Roman.

tonisch, walisisch, lateinisch und französisch. Der Hof ist fasziniert. Marke fragt ihn, ob er all die Sprachen, in denen er Lieder singt, auch beherrsche, was Tristan bejaht, woraufhin alle Fremden bei Hofe Tristans polyglotte Kompetenz erproben: Tristan antwortet Norwegern, Iren, Deutschen, Schotten und Dänen höflich in ihrer jeweiligen Landessprache.

Tristans Harfenspiel und sein Gesang sind in der Forschung immer wieder mit der Figur Davids in Verbindung gebracht worden,[79] der einzig in der Lage ist, den vom bösen Geist besessenen Saul durch sein Harfenspiel zu besänftigen, und mit jener des Orpheus, der durch die magische Macht seines Gesanges die Ehefrau aus der Unterwelt befreien konnte. Zwischen beiden Figuren wurden auch in der geistlichen Literatur im Zeichen der Wirkungsästhetik ihrer Musik typologische Beziehungen geknüpft, die schließlich auch auf Christus selbst hin erweitert wurden, der als ‚wahrer' David so auch in die Orpheus-Relation einrückte.[80] Dies geschah in ganz unterschiedlicher Weise – Heitmann hat den Variantenreichtum der Bezugnahmen ausgebreitet –; die Katabasis Christi in die Vorhölle konnte dabei typologisch an den Abstieg des Thrakers in die Unterwelt anknüpfen, aber Orpheus konnte auch als die negative Kontrastfigur zum Erlöser fungieren.[81] In Gottfrieds *Tristan* ist die Assoziation von Tristan auf David und Orpheus deutlich nahegelegt. Besonders im Moroltkampf wird die Nähe Tristans zum jungen Bezwinger Goliaths ausgebaut.[82] Und der Abstieg des Orpheus in die Unterwelt fungiert – wie Gerd Dicke eindrücklich zeigt – als eine der vielen motivischen Hintergrundfolien der Gandin-Episode (V. 13 097–13 450), in welcher sich Tristan wiederum durch listiges Harfenspiel bewährt, nachdem Isolde durch den irischen Baron vom Markehof entführt worden war.[83] Tristans Musizieren am Markehof präludiert insofern die spätere Entfaltung biblischer und mythologischer Bezüge im Roman. Durch die intratextuelle Vernetzung mit Isoldes musikalischen Darbietungen werden unterschiedlich begründete Inszenierungen einer berückenden und verstörenden Musik zusammengeführt, die konträr zu ihrer Normierung bei Boethius gelesen werden können und die gleichwohl ebenfalls wieder in einen christlichen Anspielungsbereich rücken: David gilt als Präfiguratio Christi.[84] Die Kontamination einer transzendenten Inspiration mit dem Aufrufen eines mythischen Grundes der Dichtung entspricht somit bei Tristans Darbietung als *niuwer spilman* strukturell genau der *invocatio* des Literaturexkurses.

Die Petitcreiu-Episode (V. 15 765–16 402) erscheint vor diesem Hintergrund als Aufwand der Korrektur eines möglichen Missverständnisses und Präzisierung der Konzeption.[85] Das Hündchen, das aus dem Feenreich kommt, weder der Speise noch des Trankes

79 Z.B. Stolz 2003, 520–522.

80 Vgl. Heitmann 1963, 284–287, zur David-Christus Typologie auch Herkommer 2003; vgl. auch Richardson 1996.

81 Vgl. besonders Kästner 1981, 77–92; zur Figur Davids und den Facetten ihrer Rezeption vgl. Dietrich, Herkommer (Hg.) 2003.

82 Vgl. Stökle 1915, 71; Rolf 1974, 268; Ernst 1976, 14; Okken Bd. 1 ²1996, 317–319; Müller 2014; Bulang 2021.

83 Dicke 1998; vgl. zur Episode auch Oswald 2001.

84 Vgl. Karrer 2003; Herkommer 2003.

85 Die stoffgeschichtlich vergleichende Würdigung der Episode als Gottfrieds „ganz persönliche Konzeption" bereits bei Gnädinger 1971, 26–42, mit Aufweis der präludierenden Korrespondenzen der hier entfalteten Ästhetik zur Minnegrottenepisode. Vgl. auch Wessel 1984, 444–453.

bedarf und wie ein Artefakt beschrieben wird, trägt an einer Kette eine Schelle. Ihr süßer Klang lässt alle Not vergessen. Aber Tristan nimmt den Klang der Schelle nicht als Narkotikum und Sedativum seines Leides in Anspruch. Er schickt das Hündchen Isolde, da er empathisch um ihren Liebesschmerz weiß und für sie die Linderung wünscht. Isolde wiederum versagt sich die Tröstung, da sie Tristan trauernd weiß, und bricht die tröstende und jedes Leid vertreibende Schelle ab. Daraufhin verstummt der hypnotische Klang für immer und das Hündchen wird der Liebenden zum Erinnerungszeichen an den fernen Geliebten, welches den Liebesschmerz befördert und erhält. Es wird verwandelt „aus einem Instrument leidaufhebender Freude [...] in ein Symbol leidbejahender Liebe."[86] Die Liebenden versagen sich die Tröstung der Musik, die in Petitcreiu von Gottfried als magisches Heilmittel gegen den Liebeskummer inszeniert ist. Orphische und sirenische Kunst bietet dagegen kein Narkotikum, sie entrückt und verstört den Menschen und schadet seinem Verstand. Ihr Zweck ist die Steigerung der Existenz im Zeichen der Liebe als höchstem Wert. Die zurückgekehrten Dichtermusen und ein nicht mehr christlich gezähmter orphischer Gesang fallen so der Philosophie des Boethius ins letzte Wort. Nicht souveräne Bewältigung der Kontingenz des Daseins durch die Ratio, die keinen Widerspruch duldet, sondern Steigerung erotischer Hingabe durch die Passion und die Kunst ist das höchste erstrebenswerte Glück, um dessentwillen jeder Schmerz in Kauf zu nehmen ist.

86 Vgl. Schröder 1973, 39. Poetologische Lektüren des Hündchens wurden wiederholt erprobt, wobei ebenso seine oszillierende Farbigkeit wie auch der Klang der Schelle auf den Gottfried'schen Text zu übertragen versucht wurden; vgl. Philipowski 1998; Scheuer 2002; Schneider 2012. Im Sinne der Zurückweisung einer Alternative zu einer vom Roman umgesetzten Ästhetik der Empathie liest diese Episode Huber 2014. Entsprechend sehe auch ich hier die Abblendung eines sedativ-ästhetizistischen Missverständnisses von Dichtung.

Zwei

Poetisches Gold in höfischen, sakralen und technischen Kontexten

ir hôhzît was diu minne,
ir vröuden übergulde.[1]

... von Strazburc meister Gotfrit
der als ein wæher houbetsmit
guldîn getihte worhte.[2]

Gottfried von Straßburg verfasste seinen *Tristan* auf der Grundlage der altfranzösischen Erzählung des Thomas, von welcher nur Fragmente überliefert sind.[3] Der Auftritt eines irischen Ritters und Spielmanns am Markehof und die Erzählung davon, wie er die Königin Isolde entführt, findet sich unter den überlieferten Fragmenten des Thomas nicht. Die von Thomas abhängigen Übersetzungen jedoch, die altnordische *Tristrams Saga* und der altenglische *Sir Tristrem*, bieten diese Geschichte, belassen den Iren allerdings namenlos. Bei Gottfried von Straßburg heißt er Gandîn und nur bei Gottfried wird die Begrüßung Gandîns durch die Königin und seine Replik im Wortlaut ausgeführt:

> „dêu sal, messire Gandîn!"
> sprach diu gevüege künigîn.
> „merzî", sprach Gandîn, „bêle Îsolt,
> schœne und schœner danne golt
> in Gandînes ougen!" (*Tristan*, V. 13 133–13 137)
>
> Übersetzung: „*Dieu vous bénisse, messire Gandin!*" sagte die Königin in ihrer höfischen Art. „*Merci*", sagte Gandin „*belle Isolt*, die Ihr schön und schöner als Gold seid in Gandins Augen!" (Haug)

Selbst wenn man annimmt, eine entsprechende Grußformel und das Kompliment des Ankommenden hätte es bereits bei Thomas gegeben (und sie wären in den späteren Bearbeitungen der Kürzung anheimgefallen), so ist doch mit einem erheblichen Eigenanteil des deutschen Übersetzers zu rechnen. Denn nur im Deutschen reimt sich ‚Gold'

---

1 Gottfried von Straßburg, *Tristan* 2011, V. 16 896–16 897. Übersetzung: „Ihr Hoffest war die Liebe, die golden ihre Freuden überglänzte" (Haug).

2 Konrad von Würzburg, Die Goldene Schmiede, V. 97–99. Übersetzung: „[...] Meister Gottfried von Straßburg, der als kunstfertiger vortrefflicher Schmied goldene Werke fertigte."

3 Gottfried nennt den Verfasser seiner Vorlage „Thomas von Britanje" (V. 150), in der Forschung findet sich mitunter der Name Thomas d'Angleterre. Das Werk des Thomas ist mit Übersetzung und Kommentar ediert in der *Tristan*-Ausgabe von Haug und Scholz; Gottfried von Straßburg, *Tristan* Bd. 2 2011, 9–203; 752–820. Zum Überlieferungsbefund vgl. ebd., 217–220 und 752.

auf ‚Isolt'. Das französische ‚or' kommt als Reimwort auf den Namen der Protagonistin ebenso wenig in Frage, wie das altnordische und altenglische ‚golt' auf die in jenen Fassungen verwendete Namensform „Isond" bzw. „Ysonde". Nur bei Gottfried hat dieser Reim Signalcharakter; bei ihm kann Isold Gold sein in den Augen Gandîns oder *lûter alse arâbesch golt* (V. 8262) im Isoldelob, welches Tristan am Markehof vorträgt. In keiner *Tristan*-Fassung ist Gold so gegenwärtig wie in Gottfrieds Roman; es begegnet als Münzgeld, als geschlagenes, geprägtes, gegossenes, geschmiedetes und als in Stoffe gewirktes Material. Bemerkenswert ist auch der metaphorische Gebrauch. Es scheint geradezu, als schwemme der Signalreim alle möglichen Referenzen auf das Edelmetall in den Text. Im Vergleich sind die Fassungen der Thomasgruppe diesbezüglich sparsamer. Im *Sir Tristrem* bietet nach langer Suchfahrt Rohand (Rûal li foitenant bei Gottfried) dem Türsteher einen goldenen Ring als Bestechung, um in die Nähe des Königs und Tristrems gelangen zu können,[4] Goldmünzen als Tribut an Irland werden hier von Moraunt (Môrolt) ebenso eingetrieben wie in der *Saga*.[5] Nach seinem ersten Irland-Abenteuer erhält Tristrem Gold von der irischen Königin als Lohn.[6] Golden ist der Becher mit dem Minnetrank,[7] Ysonde lockt Brengwain mit der Aussicht auf Gold, um sie für die Hochzeitsnacht mit Marke zu gewinnen,[8] Tristrem bekommt auf Ysondes Geheiß Gold statt Schläge, nachdem er als Pilger verkleidet mit der Königin am Strand niederstürzte[9] und Garnadîn (Kaedin) beschwört alles Gold Indiens, um zu beteuern, wie unverbrüchlich das Verlöbnis Tristrems mit seiner Schwester, der Isonde mit den weißen Fingern, sei.[10] In all diesen Fällen ist besonders der Münz- bzw. Tauschwert des Goldes akzentuiert, als Schmuck erscheint Gold auf der Harfe des irischen Ritters in der *Saga*.[11]

Auch bei Gottfried erscheint Gold als Münzgold und Tauschobjekt.[12] Morolt verlangt als Tribut von Cornwall an Irland Gold, einen rotgoldenen Becher bietet Tristan dem Hauptmann der irischen Küstenwache für den Landgang an (V. 8757f.), zwanzig Goldmark zahlt Isolde den gedungenen Mördern, damit sie den Anschlag auf Brangäne verschweigen (V. 12 931–12 934), zum Zwecke der *lîpnar* nimmt Tristan beim Aufbruch zur Minnegrotte *zweinzic marke von Îsolde golde* mit (V. 16 638–16 639), mit *zehen marc von golde* belohnt Isolde den Spielmann, der das Hündchen Petitcreiu von Tristan überbringt – Botenlohn und Schweigegeld zugleich (V. 16 300). Der Tauschwert des Goldes scheint schließlich auch der Heilssorge zuträglich, wenn es heißt, Isolde hätte vor dem Gottesurteil Silber und Gold und alles, was sie besaß, als Almosen verteilt, um Gott zu bewegen, ihrer Schuld nicht zu achten (V. 15 643–15 650).

---

4 *Sir Tristrem*, V. 641 (LIX) – ohne Entsprechung in der *Saga*.

5 *Sir Tristrem*, V. 938 (LXXXVI); *Tristrams Saga*, cap. 26.

6 *Sir Tristrem*, V. 1293 (CXVIII); *Tristrams Saga*, cap. 31.

7 *Sir Tristrem*, V. 1663 (CLII) – ohne Entsprechung in der *Saga*.

8 *Sir Tristrem*, V. 1742 (CLIX) – ohne Entsprechung in der *Saga*.

9 *Sir Tristrem*, V. 2265–2267 (CCVI) – ohne Entsprechung in der *Saga*.

10 *Sir Tristrem*, V. 2900 (CCLXIV) – ohne Entsprechung in der *Saga*.

11 *Tristrams Saga*, cap. 49 – ohne Entsprechung im *Sir Tristrem* –; hier auch eine Lücke in den Thomas-Fragmenten.

12 Das ist erstaunlich aufgrund der Seltenheit von Goldmünzen in Europa zu dieser Zeit; ich danke für den Hinweis Romedio Schmitz-Esser.

Bietet der Reim *solt – golt* ein deutliches Indiz für Tauschvorgänge dieser Art, so bleibt Gold als Tauschobjekt in Gottfrieds Roman randständig. Häufiger kommt es als Schmuckgegenstand zur Geltung: Marke überlässt Tristan ein goldenes Jagdhorn (V. 3738); goldene Becher, Gewänder und Geschmeide zieren den Text, Gandins Rotte ist goldverziert (V. 13 120), Isoldes Haar strahlt mit goldenem Kronenschmuck im Wettstreit (V. 10 977–10 979), das Feenhündchen Petitcreiu hat nicht nur ein goldenes Halsband (V. 15 846), Isolde lässt ihm gar eine goldene Hütte fertigen (V. 16 339).[13]

Schilderungen von Goldschmuck beschränken sich bei Gottfried nicht auf die selbstverständliche Implikation von Außeralltäglichkeit und Exzeptionalität des Trägers oder der Trägerin. Immer wieder wird Gold zum Anlass wirkungsästhetischer Ausführungen, die im Text aufeinander verweisen und durch Wiederholungen ein Netz von Bezüglichkeiten bilden, das auf seine Relevanz für die Sinnbildung des Textes zu befragen ist. Bemerkenswert sind die im Zeichen des Goldes stehenden Modellierungen von Exorbitanz und Charisma in der *descriptio* der Isolde beim Gerichtstag von Weisefort:[14]

Si truoc ûf ir houbete
einen cirkel von golde
smal, alse er wesen solde,
geworht mit spæhem sinne.
dâ lâgen gimmen inne,
erwünschete steine,
vil lieht und iedoch cleine,
die besten von dem lande:
smaragde und jachande,
saphîre und calcedône,
und wâren die sô schône
wâ unde wâ dar în geleit,
daz wercmannes wîsheit
nâch rehter spâcheite
nie steine baz geleite.
dâ lûhte golt unde golt,
der cirkel unde Îsolt
in widerstrîte ein ander an.
dâ'n was kein alse wîse man,
hæte er der steine niht gesehen,
daz er iemer hæte verjehen,
daz dâ kein cirkel wære:
sô gelîch und alse einbære
was ir hâr dem golde. (*Tristan*, V. 10 962–10 985)

Übersetzung: Sie trug auf ihrem Kopf einen Goldreif, so zierlich, wie man es erwartete, und kunstvoll gearbeitet. Edelsteine waren in ihn eingelassen, auserlesene Steine, hell

13 Vgl. Gnädinger 1971, 40, welche die goldene Behausung für Petitcreiu mit einem Reliquienschrein oder einer Monstranz vergleicht.

14 Zur Isolde-*descriptio* vor dem Hintergrund der Rezeption des Alanus ab Insulis vgl. Huber 1988, 85–91.

> leuchtend, obgleich klein, die kostbarsten, die es im Land gab: Smaragde und Hyazinthe, Saphire und Kalzedone, und die waren hier und dort so kunstvoll eingelegt, wie keines Goldschmieds Feinsinn Edelsteine jemals trefflicher eingelegt hat. Da strahlten Gold und Gold, der Reif und Isold, im Wettstreit einander an. Niemand wäre so scharfsichtig gewesen, daß er, ohne die Steine zu sehen, hätte sagen können, daß da ein Reif war, so gleich und im Einklang waren das Haar und das Gold. (Haug)

Gottfrieds Rede vom Gold ist überdeterminiert. Der Glanz des Metalls wird vielfach mit Bedeutung aufgeladen. Der *cirkel*, der auf Isoldes Haupt die Edelsteine trägt, ist aus der Weisheit des *wercmannes* hervorgegangen. Das Gold des Zirkels leuchtet im Wettstreit mit Isoldes goldenem Haar. Bei der Modellierung von Isoldes charismatischer Erscheinung scheint mir Gottfried Formulierungen des *panegyricus* Walthers von der Vogelweide auf Philipp von Schwaben zu verwenden: Im sogenannten ‚Kronenspruch' des zweiten Philippstons wird ebenso betont, wie passend der Schmied die alte Krone dem neuen König gemacht habe, und wie Krone und Antlitz des Herrschers im Widerstreit leuchten.[15] Mit Philipp von Schwaben lassen sich übrigens auch besonders ausgezeichnete Beispiele für golddurchwirkte kaiserliche Gewänder verbinden.[16] Bei Gottfried gewinnt die Frau den Wettstreit mit dem Metall: Ihr goldenes Haar überstrahlt den Glanz des Goldreifs und bringt ihn zum Verschwinden. Und im Zeichen solch exuberanten Goldglanzes ist sie Tristan gleich. Nachdem der Truchsess seine Ansprüche auf die Königstochter öffentlich vorgebracht hatte, wird der Einzug Tristans veranlasst; er wird an der Hand der stolzen und freien Brangäne hineingeführt:

> ez stuont allez an im wol,
> daz ze ritters lobe stât.
> sîn geschepfede und sîn wât
> die gehullen wunneclîche in ein:
> si bildeten under in zwein
> einen ritterlîchen man.
> er truoc cyclâdes cleider an,
> diu wâren ûzer mâze rîch,
> vremede unde lobelîch.
> si'n wâren niht von hove geben:
> daz golt daz was dar în geweben
> niht in der hovemâze:
> die sîdenen strâze
> die kôs man kûmelîche dâ:
> si wâren wâ unde wâ
> sô mit dem golde ertrenket

15 Ich paraphrasiere L 18,29 hier nach dem Wortlaut der Handschrift B; in Handschrift C heißt es, die Krone und das Antlitz würden einander anlächeln (*sie lachent beide einander an*); Walther von der Vogelweide, Spruchlyrik 2009, 84; vgl. den Kommentar ebd., 349–351.

16 So z.B. der spektakuläre Sternenmantel Heinrichs II. sowie der kaiserliche Krönungsmantel; vgl. Göller (Hg.) 2007, 21–22, 409–410 und die Abbildungen auf den inneren Einbanddeckeln; Kohwagner-Nikolai 2015, 1403–1404.

und in daz golt versenket,
daz man daz werc dâ kûme sach. (*Tristan*, V. 11 096–11 113)

Übersetzung: Alles stellte sich an ihm bestens dar, was einem Ritter zum Lob gereicht. Seine Gestalt und seine Kleidung, die spielten wundervoll zusammen; beides im Einklang machte ihn zum vollendeten Ritter. Er trug Kleider von Zyklat: sie waren äußerst prächtig, ausgefallen und preisenswert. Das waren nicht Kleider, wie man sie am Hof verschenkt: das Gold, das darin eingewoben war, war nicht von dem am Hofe üblichen Maß; die Seidenfäden waren nur mit Mühe zu erkennen; sie waren überall so mit Gold überflutet und in Gold getaucht, daß man das Gewebe kaum sah. (Haug)

Die Gestalt Tristans und sein Gewand vereinen sich zu einem *ritterlîchen man*. Für die Übereinstimmung von Körper und Schmuck verwendet Gottfried auch hier eine klangliche Metapher in wirkungsästhetischer Absicht: *sie gehullen wunneclîche in ein*.[17] Die Schilderung des Gewandes wird sodann genutzt, um die ‚nur' höfischen Dimensionen der schönen Erscheinung im Zeichen absoluter Überbietung zurückzuweisen. Das ins Gewand gewirkte Gold bringt die Seide in den Augen der Betrachter zum Verschwinden. Das *werc* des Webers wird ebenso unsichtbar wie der Goldreif des *wercmannes* in Isoldes blondem Haar. Im Zeichen des Glanzes ist die Gemachtheit des Ereignisses irrelevant. Dass das Verschwinden des Werkes im Glanz sowohl bei Isolde als auch bei Tristan akzentuiert wird, ist auffällig. Liegt die poetologische Pointe hier in einer Selbstthematisierung, welche die Wirkungsästhetik des Klanges höher veranschlagt als die Faktur des Textes? Dass Gottfried sich – anders als seine höfischen Dichterkollegen – nicht im *titulus* des Prologs nennt,[18] sondern seine Signatur als Akrostichon und im Initialenspiel gestaltet und so auf ganz eigene Weise den *wercman* seines Romans in der Faktur des Textes versteckt, könnte als metapoetische Strukturanalogie zu den Epiphanien des Glanzes in Weisefort gelesen werden.[19]

Man hat das Gottfried'sche *hapax legomenon ‚hovemâze'* mit Hinweis auf die Kleider, die bei Hofe den Spielleuten als Almosen zugeteilt würden, zu fassen gesucht.[20] Warum, so fragt man sich allerdings an dieser Stelle, sollte Tristans Erscheinung mit jenen getragenen Kleidern verglichen werden, nach welchen die Spielleute streben? Vergleichspunkt von Tristans exorbitantem Auftritt ist die höfische *zuht* schlechthin. Ihre durch Maß und Regel geprägte Kleiderordnung wird hier überboten im maßlosen Leuchten. Tristans

17 Vgl. zur poetologischen Relevanz der Klangmetaphern im Zusammenhang mit dem Oppositionspaar Innen und Außen Huber 1979. In den Körpern der Protagonisten in Weisefort sieht Kellermann ein „Schaustück für den Körper als Zeichenträger adliger Repräsentation", die mit Einheitskonzeptionen und Vorstellungen der Aufhebung von Differenzen einhergehen, vgl. Kellermann 2002, 134–135.

18 Vgl. zu Autorennennungen und ihren Werkfunktionen Reuvekamp-Felber 2001.

19 Zu Akrostichon und Initialenspiel in Gottfrieds *Tristan* zusammenfassend Huber 2013, 40–41; vgl. Scholte 1942; Bertau Bd. 2 1973, 933–936; Schirok 1984; Bonath 1986; Ruberg 1989, 306–309; Bertau 1990, 9–12; Kaminski 2008, 21–24; Bulang 2012, 295–297; Huber 2014, 283–284.

20 So der Wörterbucheintrag auf Grundlage dieses einen Beleges allein: BMZ II/1, 207a. Vgl. den Kommentar Krohns: Gottfried von Straßburg, *Tristan* Bd. 3 2017, 167.

Erscheinung ist mit Weltlichem nicht verrechenbar, der Auftritt vor Gericht erscheint als Introitus des Gotteskriegers beim Ordal sakral verklärt.[21]

Gottfrieds Darstellung des Goldschmucks seiner Protagonisten beim Gerichtstag in Weisefort übersteigt die bloße Deskription der Schmuckgegenstände. Die Epiphanie des Goldes verklärt Isoldes Schönheit und Tristans rechtlichen Anspruch. Öffentlich wird der Anspruch des irischen Truchsessen bestritten, welcher vorgab, mit der Tötung des Drachen auch das Anrecht auf Isoldes Hand erworben zu haben. Mit dem Einzug des wahren Drachentöters Tristan verschafft sich auch das Recht Geltung. Die an den Heiligenkult gemahnende Verklärung der Protagonisten durch Gold leistet auch im erotischen Register die vorwegnehmende Zuordnung des Paares zueinander und ridikülisiert den falschen Prätendenten auf die Hand der Königstochter. Der Goldschmuck erhält somit symbolische Zusatzdimensionen, er wird auch im uneigentlichen Sinne gebraucht. So vollzieht sich im Goldglanz des Textes der Übergang zur Metapher. Und neben Tauschwert und schmückender Funktion ist Gold in Gottfrieds *Tristan* vor allem als Metapher breit entfaltet.[22] Bereits der Signalreim *Îsolde/golde* zeigt Vergleich und Übertragung an: In besonderer Weise bedient sich Gottfried über die stoffgeschichtliche Tradition hinaus des Goldes als Metapher für die Schönheit der Frau, für die Vortrefflichkeit in jeder Hinsicht. Isolde ist wie arabisch Gold. Während sich diese Zuschreibungen mitunter noch zwischen Epitheton und Metapher bewegen können, erfolgt andernorts die Übertragung auf Konzeptionelles.

Eine solche Übertragung findet zugleich mit der Tausch-Metapher im Zuge der Darstellung von Markes Brautnacht statt. Isolde hatte ihre Virginität auf der Überfahrt an Tristan verloren und beide hatten darauf Brangäne dazu bewogen, in der Brautnacht den ersten Beischlaf mit Marke an Isoldes statt zu vollziehen. Bis sie schließlich Brangäne im Brautbett ablöst, ist Isolde im dunklen Gemach Zeugin des Geschehens:

> Marke Brangænen zuo z'im twanc.
> ine weiz, wie ir der anevanc
> geviele dirre sache:
> si dolte sô gemache,
> daz ez gâr âne braht beleip;
> swaz ir gespil mit ir getreip,
> si leiste unde werte,
> swes er hin z'ir gegerte,
> mit messing und mit golde,
> als wol alse er wolde.
> ich wil mich ouch des wol versehen,
> daz ez ê selten sî geschehen,
> daz ie sô schœne messinc
> vür guldîniu teidinc
> ze bettegelte würde gegeben.
> deiswâr ich sazte es wol mîn leben,

21 Wie brüchig Gottfrieds Inszenierung von Tristan als Gotteskrieger in der Môrolt-Episode ist, zeigt Müller 2014.

22 Vgl. zu Gold als Metapher im *Tristan* Wessel 1984, 514–515.

daz sît Âdâmes tagen
als edel valsch nie wart geslagen
noch nie sô gæbiu trügeheit
an mannes sîten wart geleit. (*Tristan*, V. 12 595–12 614)

Übersetzung: Marke zog Brangäne an sich. Ich weiß nicht, inwieweit es ihr gefiel, wie er die Sache anging: sie erduldete es ganz still, und es entfuhr ihr kein Laut. Alles, was ihr Liebhaber mit ihr tat, ließ sie geschehen und bot ihm für alles, was er von ihr verlangte, Messing und Gold, so wie er es haben wollte. Ich bin dessen auch ganz gewiß, daß es nie zuvor geschah, daß so schönes Messing anstelle einer Goldschuld als Bettgeld bezahlt worden ist. Ja, ich könnte mit meinem Leben dafür bürgen, daß seit Adams Zeiten nie so edles Falschgeld geprägt noch je ein so einnehmendes Trugbild einem Mann ins Bett gelegt worden ist. (Haug)

Bereits das *hapax legomenon ‚bettegelt'* indiziert eine Perversion freier Hingabe zum Tauschgeschäft. Vertauscht wurden die Bräute, statt Isolde weilt Brangäne bei Marke; er wähnt Isolde bei sich zu haben. Dass Isolde dabei mit Gold assoziiert wird, Brangäne mit Messing, das hier als Falschgold, als gefälschte Münzprägung, metaphorisch zum Einsatz kommt, ist weniger eine ständische Hierarchisierung, als vielmehr eine der ästhetischen und erotischen Vortrefflichkeit.[23] Wenn es dabei heißt, Brangäne gäbe Marke Gold und Messing, so wie er es erwarte, so scheint hier Markes Erwartung akzentuiert, der Hingabe vermutet, wo keine ist. Zugleich ist die Szene auf eine gewisse Ambivalenz gestimmt, denn Isolde, welche die Sache beobachtet, hat immerhin Anlass zu befürchten, der untergeschobenen Braut gefalle das Bettspiel so, dass von ihrer Seite Loyalität zu Marke drohe:

[...] al die wîle hæte Îsôt
michel angest unde nôt;
si dâhte allez wider sich:
„got hêrre, nu bewar mich
und hilf mir, daz mîn niftelîn
wider mich getriuwe müge sîn!
trîbet si diz bettespil
iht ze lange und iht ze vil,
ich vürhte, ez ir sô wol behage,
daz si vil lîhte dâ betage [...]". (*Tristan*, V. 12 617–12 626)

Übersetzung: [...] diese ganze Zeit verbrachte Isold in großer Angst und Sorge. Sie dachte und sagte sich im stillen: „Herr und Gott, behüte mich und hilf dazu, daß meine liebe Kusine sich mir gegenüber als treu erweist! Wenn sie ihr Liebesspiel allzulange und allzuoft treibt, so könnte es ihr, so fürchte ich, so gut gefallen, daß sie möglicherweise bis zum Morgen weitermacht [...]. (Haug)

Gottfried lässt, wie Gerd Dicke feststellt, hier das Schwankmotiv der untergeschobenen Braut anklingen,[24] dementiert es aber sogleich: *nein, ir gedanke unde ir muot* | *die wâren lûter*

23 Markes Liebesgrammatik, „die auf dem sozialen Tauschgeschäft *ere* gegen *lip*" basiere, behandelt Gerok-Reiter 2002, 380.

24 Dicke 1997, Kap. 2.

unde guot (V. 12629–12630). Somit ist die Aussage, Brangäne gebe Gold, so wie Marke es erwarte, einerseits auf die Wahrnehmung der Liebesnacht durch den arglosen und naiven Marke, andererseits aber auch auf den besorgten Verdacht von Isolde perspektivisch bezogen.

Dass Marke – wie es später heißt – zwischen Gold und Messing nicht unterschied, qualifiziert ihn nicht als überlegenen Liebhaber, gleichwohl wird der arglose Bräutigam auch nicht als Verlachgestalt bloßgestellt: Denn Brangäne ist schön wie der Mondschein, sie ist das beste Messing, das jemals mit Gold verwechselt wurde. Das Tauschgeschäft, welches die beiden Frauen mit Tristans Hilfe veranstalten, listenreich und für alle Beteiligten außer Marke bedrückend, ist allerdings insgesamt betrachtet das ultimative Gegenteil freier Hingabe. Von der Vorbehaltlosigkeit, mit der Tristan und Isolde einander erkennen und schenken, kann hier die Rede nicht sein.[25]

Die Hochzeitsnacht ist nicht die einzige Stelle im Roman, an der unaufrichtige und unvollkommene Liebe mit Blick auf Tauschgeschäfte problematisiert wird. Wenn der Erzähler des Romans in der sogenannten Minnebußpredigt[26] – dem nach der Trankszene während bzw. anstatt des ersten Beischlafs von Isolde und Tristan eingeschobenen Erzählerexkurs – beklagt, die Liebe sei käuflich geworden, so kommt hier nicht nur Prostitution als äußerste Form der Käuflichkeit in Betracht, sondern auch jede andere Form des Austausches von *bettegelt*,[27] welche durch die vorbildliche Vollkommenheit der Hingabe beim Liebespaar Tristan und Isolde disqualifiziert wird. Als Bettlerin und arme Diebin wird die Minne allegorisch personifiziert.[28] Schuld an diesem Missstand seien wir, so Gottfried, der die rügende Ansprache an die Gemeinde mit der eigenen Fehlbarkeit im ‚wir' des Bußpredigers zusammenführt:

diu êrelôse unwerde,
si slîchet under hûsen biten
und treit von lasterlîchen siten
gemanicvaltet einen sac,
in dem s'ir diube und ir bejac
ir selbes munde verseit
und ez ze strâze veile treit.

25 Gruenter sieht im weißen Hirsch, den Marke erfolglos jagt, eine „Schlüsselfigur erotischer *âventiure*" als Kontrastfigur zu Marke, der somit als erotische Defizienzfigur erscheint; vgl. Gruenter (1955/56) 1993, 7–8.

26 Vgl. Ranke (1925) 1973, 34; Urbanek 1979; Bertau 1990; Huber 2014.

27 Urbanek hat in dieser Formulierung Gottfrieds Kritik an der Institution der Ehe ausmachen wollen; vgl. Urbanek 1979. Vgl. dazu die ausführliche Entgegnung von Schnell 1982.

28 Vgl. Huber 1988, 111–112. Gottfrieds Kritik an der Entwertung des Wortes ‚Minne' wird von Huber als „Entleerung des Wortes" mit dem Bild der Verarmung in Zusammenhang gebracht. Dass Sprach- und Gesellschaftskritik hier verbunden würden, betont auch Schnell; vgl. Huber 2013, 87; Schnell 1992, 255–256. Diese Sprachkritik, die zugleich eine Diskussion der Liebeskonzeption impliziert, kann bezogen werden auf den Literaturexkurs, in dem Gottfried gleichfalls über die *zertribenen* literarischen Mittel klagt und die Sprachkritik in eine literaturkritische Auseinandersetzung mit seinen Vorgängern münden lässt. Liebeskonzeption und Literaturkonzept sind dabei unauflöslich verknüpft.

owê! den market schaffen wir:
daz wunder trîbe wir mit ir
und wellen des unschuldic sîn.
Minne, aller herzen künigîn,
diu vrîe, diu eine
diu ist umbe kouf gemeine!
wie habe wir unser hêrschaft
an ir gemachet zinshaft! (*Tristan*, V. 12 290–12 304)

Übersetzung: [...] ehrlos und unwürdig schleicht sie bettelnd von Haus zu Haus und schleppt einen aus Lastern bunt zusammengeflickten Sack mit sich, in dem sie ihr Diebesgut und ihre Beute, wovon sie selbst nicht kosten mag, auf der Straßen feilbietet. Oh weh, und wir schaffen den Markt dafür: wir bringen sie in diese unerhörte Lage und behaupten, nicht schuld daran zu sein. Die Liebe, aller Herzen Königin, die freie und einzigartige, ist allgemein käuflich geworden! Wie haben wir für ihre Botmäßigkeit bezahlen müssen! (Haug)

Bettel, Diebstahl, Hehlerei, Markt und Zinsen – mit einer bemerkenswerten Abundanz ökonomischer Metaphern allegorisiert Gottfried hier eindrücklich die depravierte Minne. Im Gegensatz dazu ist die Tristanliebe gerade in ihrem erotischen Vollzug golden und rein. Gemessen an ihr erscheint alles andere als unzulängliches Derivat. Die Ausführungen zu Messing und Gold in der Brautnacht dienen nur sekundär der Disqualifikation von Marke[29] und auch nur sekundär der ästhetischen Aufwertung Isoldes gegenüber Brangäne:[30] Sie charakterisieren einen Umgang, der den Namen Liebe nicht verdient und hinter der anzustrebenden Vollkommenheit wahrer Hingabe weit zurückbleibt.

Die Liebe zwischen Isolde und Tristan wird dagegen im Text immer wieder mit Gold verglichen. Bemerkenswert daran ist, dass an den betreffenden Stellen immer auch Techniken der Goldverarbeitung bzw. das aus Gold geschaffene *werc* thematisiert werden. Gold erscheint im Text als geschlagenes, zu läuterndes, gegossenes, geschmolzenes Metall. An einer Stelle beispielsweise wird in den inszenierten ‚feurigen' Eifersüchteleien des Paares, denen die erotische Versöhnung folgt, die Liebe geläutert:

liebe armet unde altet,
si kuolet unde kaltet,
swâ si ir viures niene hât.
sô der zorn an ir zegât,
zehant engruonet si niht.
swenne under vriunden geschiht
dekeiner slahte zornelîn,
sô ist triuwe ie dâ diu süenærîn,

29 Dicke 2002, 216–217 macht darauf aufmerksam, dass die Marke-Figur, obwohl in ihr immer wieder die Schwankfigur des gehörnten *tumben* Ehemannes zitiert wird, doch nie vollends dem Verlachen preisgegeben wird. Vgl. zur entsprechenden narratologischen Modellierung der Figur Hübner 2003 und Huber 2014, 288.

30 Dass keine Disqualifikation der Brangäne stattfindet, begründet Wittstock 2015, 107 mit der Wertschätzung guter, echt anmutender Legierungen im alchemistischen Diskurs.

vrisch und iteniuwe:
diz niuwet die triuwe,
diz liutert liebe alse golt.
Alsus treip Tristan unde Îsolt
mit liebe und leide ir stunde hin [...]. (*Tristan*, V. 13 063–13 075)

Übersetzung: Die Liebe wird arm und alt, sie kühlt ab und wird kalt, wenn ihr das Feuer fehlt. Wenn der Zorn sich bei ihr verliert, wird sie nicht so bald wieder grün. Wenn zwischen Liebenden irgendein Zörnchen aufbricht, so ist die Liebe als Versöhnerin immer gleich da, frisch und ganz neu: das erneuert Liebe, das läutert die Zuneigung wie Gold. (Haug)

So wie das Gold im Feuer gereinigt und probiert wird, so verklärt sich die Liebe des Paares im inszenierten Streit. Wie ein *werc von golde* erscheinen Marke die Liebenden bei der Entdeckung des Paares *an einem mitten tage*. In postkoitaler Ruhe erscheinen sie ineinander geschmolzen wie eine gegossene Goldskulptur:

wîp unde neven die vander
mit armen zuo z'ein ander
gevlohten nâhe und ange,
ir wange an sînem wange,
ir munt an sînem munde;
swaz er gesehen kunde,
daz in diu decke sehen lie,
daz vür daz deckelachen gie
zuo dem oberen ende:
ir arme unde ir hende,
ir ahsel unde ir brustbein
diu wâren alsô nâhe in ein
getwungen unde geslozzen:
und wære ein werc gegozzen
von êre oder von golde,
ez'n dorfte noch ensolde
niemer baz gevüeget sîn. (*Tristan*, V. 18 195–18 211)

Übersetzung: Seine Frau und seinen Neffen, die fand er da innig und eng mit den Armen umschlungen beieinanderliegen, ihre Wange an seiner Wange, ihren Mund an seinem Mund. Alles, was er sehen konnte, nämlich das, was ihn die Decke sehen ließ, was oben über das Leintuch hinausschaute: ihre Arme und ihre Hände, ihre Schultern und ihre Brust, die waren so eng aneinandergepreßt und umschlungen, daß, hätte man eine Statue von ihnen in Bronze oder Gold gegossen, diese nicht fester hätte gefügt sein können. (Haug)

Erotische Hingabe, Schönheit und Kunstwerk kommen hier überein. Der Anblick des schlafenden Paares vertreibt endgültig den Zweifel Markes, die ineinandergeschlungenen Liebenden sind die Evidenz des Ehebruchs. Die Unzertrennlichkeit des Paares wird im Bild einer gegossenen Metallskulptur unmittelbar ansichtig und gleichzeitig als Artefakt ausgestellt.[31] Auch hier wird das Paar einem Goldartefakt verglichen, der alternative Vergleich mit einer Statue aus Erz ist wohl auf die Homonymie des Wortes mit der Ehre gerichtet,[32] wodurch die Liebe des Paares nicht allein ästhetisch verklärt, sondern zudem noch ins Assoziationsfeld eines zentralen ethischen Wertbegriffs gestellt wird. Dem Gold kommt hier auch eine rhetorische Funktion zu: Im Zeichen des Goldes wird dem zweifelnden König die Wahrheit offenbar. Diese Rhetorik des Goldes nun muss nicht – wie an der besprochenen Stelle – im Dienste der Wahrheit stehen. Im Zuge ihrer Verdächtigung setzen Tristan und Isolde Lüge, List und Täuschung ein, um Marke und der Hofgesellschaft ihre Liebe zu verbergen. Marke wird dabei in einem permanenten Schwanken zwischen Verdacht und Eifersucht einerseits sowie der Überzeugung von der Unschuld seiner Frau andererseits dargestellt.[33] Als er schließlich durch das Kuppelfenster der Minnegrotte schauend des Liebespaares ansichtig wird – Tristan hatte vorab ein scharfes Schwert zwischen Isolde und sich gelegt –, ist er, vexiert durch den Anblick der übernatürlichen Schönheit Isoldes im gleißenden Sonnenlicht, trotz aller vorherigen Zweifel von ihrer Unschuld überzeugt. Gottfried faltet diesen Vorgang aus, indem er die Minne als Personifikation auftreten lässt, die durch die täuschende Goldschminke auf ihren Wangen – *das guldîne lougen* – den König gegen alle Tatsachen von der Tugend seiner Ehefrau überzeugt:

Minne diu süenærinne
diu kam dâ zuo geslichen,
gestreichet unde gestrichen
ze wunderlîchem vlîze:
si truoc ûf daz wîze
geverwet under ougen
daz guldîne lougen,
ir allerbeste varwe: ‚nein'.
daz wort daz lûhte unde schein
dem künege in sîn herze.
der ander sîn smerze,
daz wort, daz ungenæme ‚jâ'
daz'n sach Marke niender dâ;
daz was mitalle hin getân,
dâ'n was zwîvel noch wân:
der minnen übergulde,
diu guldîn unschulde,
diu zôch im ougen unde sin
mit ir gespenstikeite hin,
hin dâ der ôsterlîche tac
aller sîner vröude lac. (*Tristan*, V. 17 536–17 556)

31 Vgl. Kellermann 2002, 138; Linden 2017, 265. Zur Problematik literarischer Figuren, die Artefakte sind, aber als Personen modelliert werden und zur Reflexion der Problematik bei Gottfried jetzt grundsätzlich Möllenbrink 2020, zur Stelle besonders 121–129.

32 Zur Synonymie der mittelalterlichen Ausdrücke für Bronze, Erz, Glockenspeise und Messing vgl. LexMa 2, 712–713 (Mazal), s. v. ‚Bronze, Bronzeguß'.

33 Zur Markefigur vgl. Karg 1994.

Übersetzung: Die Liebe, die Versöhnerin, schlich sich herein, wunderbar zurechtgemacht und aufwendig herausgeputzt: der Weiße ihres Antlitzes war das Gold der Lüge, ihre schönste Farbe, aufgeschminkt: also ‚Nein!' Dieses Wort leuchtete und strahlte dem König ins Herz. Das andere, das schmerzliche, das hassenswerte Wort ‚Ja' war Marke völlig aus den Augen geraten; es war ganz und gar weg; es gab keinen Zweifel und keinen Argwohn mehr: übergoldet durch die Liebe, zog die goldene Unschuld ihm die Blicke und die Gedanken mit ihrer Verführungskraft dahin, wo der Ostertag seiner ganzen Freude lag. (Haug)

Rainer Gruenter hat zu dieser Stelle, in der sich allegorische Personifikation mit psychologischer Dialektik in komplizierter Weise verbindet, nicht nur eine bemerkenswert vielschichtige literarische Tradition der Kritik an Schminke und Verstellung aufgewiesen, sondern auch aufgezeigt, wie hier Markes vom Begehren getriebenes Wünschen die Wahrnehmung alteriert. Die Minne persönlich führe die Versöhnung Markes und Isoldes herbei, indem sie dem König als „blendendes Bild der Verlockung" erscheine. Ihre weißen Wangen habe sie mit ihrer besten Schminke bestrichen, mit dem *guldînen lougen*. *guldîn* – so Gruenter – sei dabei das „Farbsymbol der irresistiblen Überredungskraft" und es bedeute im Zusammenhang mit *lougen* „die vollkommene Vortäuschung des Nichtvorhandenen und die magische Macht, durch Ableugnen, Verleugnen, Trügen und Lügen jeden gewünschten Erfolg erzielen zu können".[34]

Als Metapher fungiert Gold bei Gottfried auch in engem Zusammenhang mit der Illustration der Liebeskonzeption bei der Schilderung einer Semiotik und Pragmatik der Liebessprache. Liebe verfügt über goldene Worte und goldene Rede. Darauf sind die Liebenden angewiesen, um ihre Liebe unter den Augen der Öffentlichkeit einander zu kommunizieren. Dies glückt den Virtuosen der Kommunikation in jener Zeit, bevor der erste Verdacht aufkommt, der ihnen später komplexe Listen und Finten abverlangen wird. In wunderbarer Weise können sie zunächst am Markehof ihrer Liebe Ausdruck verleihen:

ir offenlîchiu mære,
mit den si wunder kunden,
diu begunden s'under stunden
mit clebeworten underweben;
man sach dicke in ir mæren cleben
der minnen werc von worten
als golt in dem borten. (*Tristan*, V. 12990–12996)

Übersetzung: Ihre Gespräche im offenen Umgang, die sie staunenswert im Griff hatten, durchwoben sie nach Gelegenheit mit im Herzen haftenden Wörtern; es zeigte sich ihre Rede immer wieder von einer Liebessprache durchzogen wie ein Seidenband von Goldfäden. (Haug)

Die Liebessprache erscheint so, wie Horst Wenzel betont, als Gewebe mit einer öffentlichen Schauseite und nichtöffentlicher Symbolik.[35] In der Übersetzung des Passus ist eine Ambivalenz des mittelhochdeutschen Textes fast unkenntlich geworden, welche die

34 Gruenter, Das *guldîne lougen* (1961) 1993, 51–52.
35 Vgl. Wenzel, Negation 1988, 235.

Identität des handelnden Subjekts betrifft. Denn einerseits sind es die Protagonisten ihrer Rede selbst, die aktiv die Liebesworte unter die öffentliche Konversation ‚weben' – andererseits manifestiert sich in der Rede *der minnen werc von worten*. Hier erscheint die personifizierte Liebe selbst als diejenige, welche – den Subjekten unverfügbar – die Liebessprache generiert. Man kann in solchen Ambivalenzen auf der Mikroebene die Spiegelung der Paradoxie einer trankinduzierten freien Liebe sehen, an welcher sich Gottfrieds Text immer wieder abarbeitet.[36] Paradox ist auch Gottfrieds Behauptung der Sichtbarkeit des Liebesgoldes in der Rede. *Man sach* bezeichnet im epischen Präteritum dasjenige, was die Umstehenden an der Rede des Paares wahrnehmen. Dass das Gold der Liebe jedoch allen verborgen bleibt, wird in den nachfolgenden Versen gesagt. Die Ambivalenz von klandestiner und öffentlicher Rede wird so in verstörender Weise reproduziert. Gold wird dabei von den Liebenden in die Seide gewoben, das Werk jedoch wird von der Liebe hervorgebracht. Spontaneität und Determination fallen in eins. Mit den *clebeworten* wird das Gold der Liebessprache Gegenstand der Täuschung der anderen, die in den Reden des Paares nur beiläufige höfische Konversation und Konvention wahrnehmen.

Weil Gottfried solcherart die Wirkungsästhetik des Glanzes zur Rhetorizität des Goldes ausbaut und Gold zugleich nicht nur Metapher der Schönheit schlechthin, sondern gezielt auch Metapher einer Ästhetik und Pragmatik der Liebessprache wird, ist der Schritt zur Übertragung des Goldes auf Texte und Dichtung naheliegend. Dabei greift Gottfried auf breite Traditionen zurück: Bereits der große Prediger Johannes von Antiochia empfing seinen Beinamen ‚Chrysostomos' (Goldmund) aufgrund seiner ‚goldenen' Rede und die bedeutendste Sammlung von Heiligenviten des 13. Jahrhunderts, die *Legenda aurea*, führt das Gold im Titel.[37] Und in der Tat macht Gottfried vom Gold als poetologischer Metapher ausgiebig Gebrauch. Nahtlos schließt das Bild der Liebessprache, die golddurchwirkte Seidenborte, an die Gold-Gleichnisse des Literaturexkurses an, die sich auf die Texte von Gottfrieds literarischen Vorgängern bezogen. Goldene Worte und das *werc* der Liebe: Damit ist die Brücke geschlagen zum Gold des Literaturexkurses als Metapher für Sprache und Texte.

Die Dichterschau des Literaturexkurses baut eine produktionsästhetische Metaphorik des Verfertigens von Literatur aus (Weben, betrügerisches Fertigen von Scheingold und falschen Perlen, Textilverarbeitung, Wirken, Spinnen, Fäden reinigen etc.), weiterhin entfaltet sie eine im Zeichen der Durchsichtigkeit (Kristall) bzw. des Glanzes (Gold) verhandelte Wirkungsästhetik und betreibt die mythisierende Zitation verschiedener Inspirationsinstanzen von Dichtung. Durch überschüssige Verbildlichung verschiedener Konstituenten des literarischen Prozesses verklärt Gottfried die eigene literarische Tradition, in die er das eigene Werk als ihren krönenden Abschluss stellt. Vom Golde geprägt scheint dabei insbesondere die epische Kunst Bliggers von Steinach:

Noch ist der verwære mêr:
von Steinahe Blickêr,

36 Vgl. Schweikle 1991.

37 Vgl. dazu Dutli 2020, 95: „Von den mittelalterlichen Kirchenvätern bis zur Popkultur der Gegenwart wird die Gabe des Wortes wie des schönen Gesanges mit Gold in Verbindung gebracht."

diu sînen wort sint lussam.
si worhten vrouwen an der ram
von golde und ouch von sîden,
man möhte s'undersnîden
mit criecheschen borten.
er hât den wunsch von worten:
sînen sin den reinen
ich wæne, daz in feinen
ze wundere haben gespunnen
und haben in in ir brunnen
geliutert unde gereinet:
er ist binamen gefeinet.
sîn zunge, diu die harphen treit,
diu hât zwô volle sælekeit:
daz sint diu wort, daz ist der sin:
diu zwei diu harphent under in
ir mære in vremedem prîse.
der selbe wortwîse,
nemt war, wie der hier under
an dem Umbehange wunder
mit spæher rede entwirfet;
wie er diu mezzer wirfet
mit behendeclîchen rîmen!
wie kan er rîme lîmen,
als ob si dâ gewahsen sîn!
ez ist noch der geloube mîn,
daz er buoch unde buochstabe
vür vedern an gebunden habe;
wan wellet ir sîn nemen war,
siniu wort diu sweiment alse der ar. (*Tristan*, V. 4691–4722)

Übersetzung: Es gibt Weitere, die ihre Geschichten schön färben: köstlich ist die Dichtung Bliggers von Steinach. Edelfrauen haben sie am Webrahmen aus Gold und Seide gewirkt, man könnte sie mit byzantinischen Borten einfassen. Er besitzt im höchsten Maß die Gabe des Wortes: seine makellose Kunst, die haben, meine ich, Feen wunderbar gesponnen und haben sie in ihrer Quelle geklärt und gereinigt: es liegt auf ihm ein Feenzauber. Seine Sprache, die eine Harfe in sich trägt, besitzt zwei vollkommene Gnadengaben: das ist das Wort und ist der Sinn: die beiden klingen beim Erzählen zusammen wie Harfentöne, wundersam und preisenswert. Seht, wie dieser Meister des Wortes dabei in seinem ‚Bildteppich' Erstaunliches in kunstreicher Sprache entwirft, wie er die Verspaare flink wie Messer wirft, wie er sie zusammenleimt, als ob sie so gewachsen wären! Ich glaube geradezu, daß er sich Bücher und Buchstaben als Flügel angebunden hat, denn schaut nur hin, es schweben seine Worte adlergleich. (Haug)

Die Dichtung Bliggers wird mit einer Arbeit verglichen, welche vornehme Damen aus Gold- und Seidenfäden an Rahmen wirken. Bei Web-, Stick- und Wirkrahmen handelt es sich um unterschiedliche Vorrichtungen. Die Frage nach dem hier vorausgesetzten technischen Vorgang ist nicht nur für die Übersetzung der Stelle relevant. An einem Rahmen können sowohl Stoffbahnen gewebt, Tücher bestickt oder Bänder (Borten, Bordüren) gewirkt werden. Nicht jede dieser Tätigkeiten ist als Handarbeit vornehmen Damen angemessen. Das Verb ‚weben' wird an dieser Stelle von Gottfried nicht verwendet, andernorts durchaus. Das hier verwendete Verb ‚wirken' ist – wenn auch nicht ausschließlich – für den Vorgang der Verknüpfung von Fäden durch Kette und Schuss verwendbar. Für den Vorgang des Einnähens von schmückenden Figuren in ein Gewebe ist das Verb ‚sticken' im Mittelhochdeutschen nur vereinzelt belegt,[38] in den älteren Sprachstufen existiert es nicht und erst im Frühneuhochdeutschen breitet es sich erheblich aus.[39] Das zu erwartende Verb für den Vorgang des Stickens wäre mittelhochdeutsch ‚wirken'.[40] In diesem Sinne ist in der Forschung gelegentlich vom Besticken von Seidenstoffen mit Goldfäden bei diesem Lob Bliggers die Rede.[41] Die Übersetzungen von Haug und Scholz sowie von Peter Knecht gehen vom Vorgang des Webens aus. Aber sitzen hier vornehme Damen wirklich an einem Webstuhl? Dass hier das Weben von Stoffen in jüngeren Übersetzungen angeführt wird, ist wohl maßgeblich auf eine intertextuelle Spekulation zurückzuführen. Ausgangspunkt dafür ist die Annahme, dass es sich bei dem im Zusammenhang mit Bligger genannten *umbehanc* (V. 4712) nicht nur um eine Werkmetapher handeln könnte, sondern um einen konkreten Werktitel oder einen zentralen Gegenstand aus Bliggers Œuvre – dass auch die Editoren und Übersetzer der zitierten Ausgabe davon ausgehen, zeigen Großschreibung im mittelhochdeutschen Text und Anführungszeichen in der Übersetzung an. Diese Annahme hat bereits mancherorts zu Spekulationsruinen geführt. So wurde angenommen, Bligger sei der Verfasser des *Nibelungenliedes* oder jener der mittelhochdeutschen Versnovelle *Moriz von Craûn*.[42] Erwogen wurde auch der Verweis auf ein unbekanntes ovidianisches Philomela-Epos deutscher Sprache.[43] Philomela überführt ihren Vergewaltiger, der ihr nach der Tat die Zunge abgeschnitten hatte, durch die gewebte Darstellung des Verbrechens. Für die Annahme eines deutschen Philomela-Epos Bliggers gibt es keinen Anlass. Gegen die Anspielung auf die Philomela spricht zudem der Plural: Vornehme Damen wirken gemeinsam am Rahmen bei Gottfried, Philomela jedoch webt allein, was Okken nicht davon abhält, von „Philomela und ihren Helferinnen" zu sprechen.[44]

38 Im Glossar von Elke Brüggen findet sich ein Beleg aus dem *König Rother*: Brüggen 1989, 252.

39 DWB 18, 2737, s. v. ‚sticken'.

40 Vgl. Brüggen 1989, 264: „wirken, würken, wurken (swv an) – arbeiten, herstellen, bes.: nähend, webend, wirkend, stickend verfertigen."

41 Vgl. Müller-Kleimann 1990, 236; Kellner 2001, 175; Trînca 2008, 48. Peter Ganz schlägt in seiner *Tristan*-Ausgabe vor, sich die Arbeit wie den Teppich von Bayeux vorzustellen – bei dem es sich allerdings um eine Wollstickerei handelt; vgl. Gottfried von Straßburg, *Tristan* Tl. 1 1978, 178.

42 Vgl. den Kommentar von Manfred Günter Scholz: Gottfried von Straßburg, *Tristan* Bd. 2 2011, 379–380.

43 Vgl. Kolb 1962, 512–514; Okken Bd. 1 ²1996, 242–243; Wyss 2002. Kritisch dazu Bleumer 2008, 39. Noch in jüngerer Zeit dient die Stelle als Anlass für Hypothesen, z. B. über Bildteppiche, welche die trojanische Abstammung eines Herrscherhauses zeigten; vgl. Glauch 2003, Anm. 24.

44 Okken Bd. 1 ²1996, 243.

Einen Parallelbeleg für die bei Gottfried ausgeführten Handarbeiten findet man in der Beschreibung der Tätigkeiten in einem Arbeitshaus in Hartmanns von Aue *Iwein*. Hier werden ähnliche Arbeiten ausgeführt wie jene, die Gottfried in seiner Dichterschau benennt, weshalb Stephen Jaeger mit Bezug auf Gottfrieds Literaturexkurs von einer „Schneiderwerkstatt" spricht.[45] Iwein entdeckt eine tatsächliche Werkstatt dieser Art, in welcher abgehärmte Textilarbeiterinnen verschiedenen Verrichtungen nachgehen. An ihrem Erröten ob seiner Anwesenheit bemerkt er, dass es sich um vornehme Damen handeln muss, die sich der niederen Tätigkeiten schämen:

> die armen heten den sin,
> daz gnuoge worhten under in
> swaz iemen wurken solde
> von sîden unde von golde.
> gnuoge worhten an der ram,
> der werc was ouch lobesam.
> unde die des niene kunden,
> die lâsen, dise wunden,
> disiu blou, disiu dahs,
> disiu hachelte vlahs,
> disiu burste, disiu swanc
> disiu lînwæte twanc
> rehte wîz als ein swan,
> disiu streut garn an
> daz si ze tuoche wolde weben,
> diu drümer muose ir disiu geben,
> dise spunnen, dise nâten;
> unde wâren doch unberâten [...].[46]
>
> Übersetzung: Viele der Armen waren damit beschäftigt, Arbeiten aus Seide und aus Gold von der prächtigsten Art herzustellen. Andere arbeiteten am Stickrahmen, auch die Tätigkeit war nicht ehrenrührig. Und von denen, die das nicht konnten, faßten die einen die Fäden, die anderen wanden Garn, diese klopfte, die andere brach, die nächste hechelte den Flachs, diese kämmte, jene wand, die andere faltete Leinwand weiß wie Schwanenfedern, diese spannte Garn aus dem sie Tuch weben wollte, die Fäden mußte ihr eine andere anreichen, diese spannen, jene nähten und doch ging es ihnen schlecht [...]. (Mertens)

Bemerkenswerterweise wird hier der Unterschied zwischen ständisch niederen Arbeiten und jenen *werc*, die *lobesam* sind, akzentuiert.[47] Dass hier ständisch unterschieden wird, ist in anderen *Iwein*-Handschriften noch deutlicher, in denen es heißt, dieses *werc*, gemeint ist

45 Jaeger 1992, 200.

46 Hartmann von Aue, Iwein, hg. von Mertens 2008, V. 6195–6206. Die Edition von Volker Mertens folgt der Gießener Iwein-Handschrift (B). In ihr werden an gegebener Stelle weit umfassender Tätigkeiten der Textilverarbeitung aufgezählt als im kritischen Text von Lachmann.

47 Brüggen bespricht die *Iwein*-Stelle im Zusammenhang eines Exkurses über die Textilherstellung adliger Damen und konstatiert einen Ausnahmefall, da nur hier auch die vielen vorbereitenden Arbeiten, die nicht von adligen Damen ausgeführt werden, genannt sind; Brüggen 1989, 116–118.

das Wirken am Rahmen, sei *ane ſchame* bzw. *erbar unde ane ſchame*.[48] Das Wirken von Seide und Gold am Rahmen ist offenbar eine den adligen Damen angemessene Tätigkeit.[49] Auch hier muss offen bleiben, ob Tücher mit Goldfäden bestickt, ob Brokatstoffe gewebt oder ob kostbare Borten gewirkt werden, auch wenn sich jüngere *Iwein*-Übersetzungen hier für den Stickrahmen entschieden haben.[50]

Für die Gottfried-Stelle könnte zur Klärung dessen, was hier *an der ram* gewirkt wird, der im Text anschließend geschilderte Vorgang des *undersnîdens* Aufschluss bieten. Übersetzungen, die vom Weben einer Stoffbahn ausgehen, haben hier den Vorgang des Einfassens dieser Stoffbahnen durch Bordüren in Anschlag gebracht in dem Sinne, dass die gewebten Stoffe so kostbar waren, dass sie mit Recht mit den besonders wertvollen byzantinischen Bordüren hätten eingefasst werden können.[51] Auch diese Übersetzungsentscheidung geht auf Kolb zurück, der für den Vers *man möhte s'undersnîden mit criecheschen borten* die Übersetzungsoption „man könnte sie voneinander abteilen durch griechische Einsäumungen" empfahl.[52] Vorgestellt sind hier offenbar Rahmungen einer in den Stoff gewebten Szenenfolge durch Bordüren. Auch dafür gibt es kaum lexikographische Anhaltspunkte, Kolb sah darin vielmehr „eine Anspielung auf die Herkunft der Erzählung und ihrer Personen"[53] – Tereus ist Fürst der Thraker. Das Verb *undersnîden* entstammt ursprünglich dem Bereich der Textilfertigung und bezeichnet das Vermischen des Gewandes beim Zuschneiden mit anderen Stoffen,[54] das Trennen der Stoffe und das Dazwischentreten eines anderen Stoffes.[55] Es entstehen durch *undersnîden* also bunte und abwechselnde Strukturen. Von hier aus wurde der Begriff bildlich für ‚bunt machen', ‚mannigfaltig machen' gebraucht, die Wörterbücher bieten reichlich Belege für diesen metaphorischen Einsatz. Synonym gebraucht wird das Verb mit dem französischen Lehnwort ‚parrieren'.

Mit ‚einfassen' ist eine sehr freie und nicht weiter belegte Übersetzung angeboten, die ihre Umständlichkeit einer äußerst voraussetzungsreichen Spekulation auf die Intertextualität der Passage verdankt. Dagegen spricht, dass an anderer Stelle im *Tristan* ein solcher Vorgang durchaus dargestellt, aber mittels anderer Verben ausgedrückt wird. Der betref-

48 Vgl. Hartmann von Aue, Iwein, Bd. 2 1968, 171 (zu V. 6200).

49 Brüggen arbeitet an der Fassung der Passage in Lachmanns kritischer Ausgabe, in welcher sich weniger Tätigkeiten finden als in der hier zitierten *Iwein*-Edition von Mertens; vgl. Brüggen 1989, 116–118.

50 Siehe die oben angeführte Übersetzung von Mertens, ebenso übersetzt Thomas Cramer; Hartmann von Aue, Iwein 1981.

51 Müller-Kleimann spricht sich für die Angemessenheit dieser Übersetzung aus; vgl. Müller-Kleimann 1990, 234–236. Sie findet sich auch in der Übersetzung der Stelle von Peter Knecht; vgl. Gottfried von Straßburg, *Tristan* Bd. 2 2004, 58.

52 Kolb 1962, 514–515; vgl. Okken [2]1996, 243.

53 Kolb 1962, 515.

54 BMZ II,2 440a. Laut Glossar von Brüggen 1989, 255: „aus verschiedenen Stücken bunt zusammensetzen, verschiedene Stoffe zu einem Kleidungsstück zusammensetzen."

55 Lexer Bd. 2, 1802. Ausführlicher Müller-Kleimann 1990, 234: Sie weist darauf hin, dass sich das Verb vom altfranzösischen ‚entrecoper' – ‚unterbrechen' ableitet und im eigentlichen Sinne bedeute: „das Gewand beim Zuschneiden mit anderen Stoffen vermischen" – von dieser eigentlichen Bedeutung weicht sie sodann im Übersetzungsvorschlag zur fraglichen Stelle ab.

fende Passus findet sich bei der Schilderung des kostbaren Gewands, welches Tristan bei der Aussetzung in Cornwall trägt:

> roc unde mantel hæte er an
> von einem pfelle, der was rîch
> und an gewürhte wunderlîch:
> er was von Sarrazînen
> mit cleinen bortelînen
> in vremedeclîchem prîse
> nâch heidenischer wîse
> wol underworht und underbriten. (*Tristan*, V. 2534–2541)
>
> Übersetzung: Er trug einen Rock und einen Mantel aus prächtigem Brokat, wunderbar gewoben: Sarazenen hatten ihn mit zierlichen Bändern fremdartig und bewunderungswürdig in heidnischer Manier durchflochten und durchwoben. (Haug)

Vom *undersnîden* ist hier nicht die Rede, obwohl an dieser Stelle die Borten durch die Stoffbahnen hindurch geführt werden. Dass bei der Ausführung zu Bliggers Kunst das Weben von Stoffen zu veranschlagen sei und das Einfassen gewebter Bilder mit Borten, erscheint fragwürdig. Die Annahme eines Webvorgangs hat ständische, technische und lexikographische Ungereimtheiten zur Folge, eine Fülle spekulativer Annahmen, die auch nicht plausibler werden, wenn sie sich wechselweise begründen. Ich möchte eine Gegenprobe anbieten, indem ich das Bortenwirken bzw. Bandweben als zugrundeliegende Tätigkeit annehme. Borten werden an einem eckigen Rahmen gewirkt, der auf dem Schoß gehalten wird und auf dem parallel gespannte Fäden wie die Saiten einer Harfe angeordnet sind.[56] Das Bortenwirken gehörte, wie Brüggen zeigt, zu den handwerklichen Tätigkeiten vornehmer Damen.[57] Als Beleg könnte man auch die Miniatur des Rost, Kirchherren ze Sarne aus dem *Codex Manesse* anführen. Sie setzt eine originelle Bildidee um: Die Dame wirkt das Band aus dem Haar des Minnesängers, wobei sie sowohl einen Wirkrahmen als auch Brettchen (Brettchenweberei) einsetzt.[58] Das Ganze ist geradezu als Bestrafungsszene dargestellt, denn der Sänger greift seiner Dame kühn unter das Kleid. Gewaltsam schneidet die Dame deshalb dem vor ihr Knienden das Haar ab, das durch einen Wirkrahmen geführt und als Band von einer Spule aufgewickelt wird. Die Darstellung assoziiert die von Delila betriebene Entmachtung Samsons durch die Haarschur. Anschaulich wird in dieser Miniatur auch die Ähnlichkeit des Wirkrahmens mit einer Harfe. Wenn Gottfried im Folgenden die Kunst Bliggers mit einer Harfe vergleicht, die Wort und Sinn ineinander klingen lässt, könnte damit das Bild des Wirkrahmens synästhetisch fortassoziiert sein. Das *undersnîden* der gewirkten Borte mit griechischen Borten wäre sodann als Wechsel von der Bligger-Borte mit besonders kostbaren byzantinischen Borten zu verstehen,[59] ein Bild, das darauf hinausliefe, dass sich beide Borten hinsichtlich ihrer Qualität nichts nehmen würden. Ein hyperbolischer Vergleich dieser Art erscheint

56 Feldhaus 1970, 67–69, s. v. ‚Bandweblade'.

57 Vgl. Brüggen 1989, 120 mit Belegen aus der höfischen Epik.

58 Abbildung und Bildbeschreibung bei Walther 1988, 192. Vgl. auch die Ausführungen zu Webgeräten im *Codex Manesse* in: Mittler, Werner (Hg.) 1988, 100.

59 Zur besonderen Kostbarkeit byzantinischer Borten vgl. Müller-Kleimann 1990, 235.

mir an dieser Stelle plausibler als die Annahme der Rahmung einer Szenenfolge durch Bordüren. Ein solcher Vergleich implizierte, liest man die Stelle als Antikenbezug, die Gleichwertigkeit der Dichtung Bliggers mit den epischen Werken der Antike.

Wenn diese Interpretation zulässig ist, dann wäre die aus Gold und Seide gewirkte Bordüre als Werkmetapher intratextuell vernetzbar mit der Liebessprache des Paares, die auch im Bilde einer Borte aus Gold und Seidenfäden gefasst war. Die poetologische Metapher spiegelt sich so betrachtet vollständig in der Metapher für die Sprache der Liebe.

Verfolgt man die Spur des Goldes durch den Text weiter, so gelangt man zu Gottfrieds *invocatio* der Musen, der Sirenen, Apolls und der Himmelschöre. Vom Quell der Inspiration erbittet Gottfried nur eine Träne. Der Tropfen soll ihm dazu dienen, Wort und Sinn zu vergolden. Damit nimmt Gottfried das glänzende Metall für seine Dichtung *in toto* als Metapher ihrer angestrebten Vortrefflichkeit in Anspruch. Bei Bligger von Steinach waren es nur Goldfäden, die in Seide eingewirkt sind. Die bereits im Eingangskapitel dieses Buches unter mythopoetischen Aspekten betrachtete *invocatio* sei hier noch einmal unter dem Aspekt des Ausbaus von Gold als poetologischer Metapher in den Blick genommen:

> der selbe trahen der eine
> der ist ouch nie sô cleine,
> er'n müeze mir verrihten,
> verrihtende beslihten
> beidiu zungen unde sin,
> an den ich sus entrihtet bin.
> diu mînen wort muoz er mir lân
> durch den vil liehten tegel gân
> der camênischen sinne
> und muoz mir diu dar inne
> ze vremeden wunder eiten
> dem wunsche bereiten
> als golt von Arâbe. (*Tristan*, V. 4883–4895)
>
> Übersetzung: Dieser eine Tropfen, der kann gar nicht so winzig sein, daß er mir nicht Wort und Sinn wieder in Form bringen und formvoll zu trimmen vermöchte, die mir so aus der Form geraten sind. Er wird mir meine Worte durch den glühenden Tiegel der poetischen Gestaltungskraft ziehen und sie darin zu einem nie gesehenen Wunder schmelzen und sie in die Vollendung führen gleich arabischem Gold. (Haug)

Im glühenden Tiegel, so heißt es, soll ein Tropfen aus der Quelle des Helikon, ein Tropfen des camenischen Verstandes, sei er auch noch so winzig, mit den Wörtern des Dichters zusammenwirken und diese so vervollkommnen. Zusammen mit diesem Tropfen werden die Wörter im Tiegel erhitzt, damit sie wie arabisches Gold werden. Damit ist der höchste Anspruch an das eigene literarische Werk formuliert. Mich interessiert an dieser Stelle, welches technische Verfahren konkret als Bildspender für poetische Wertzuschreibungen genutzt wird. In der Forschung wurde hier das Läutern des Goldes veranschlagt, das sogenannte ‚probieren'.[60] Dabei wird verunreinigtes Gold, welches *naturaliter* mit anderen Substanzen vermischt ist, erhitzt, wobei reines Gold im Schmelzungsprozess von

60 Vgl. z.B. Wesel 1984, 463–467.

den Schlacken getrennt wird.[61] In diesem Sinne haben Übersetzer dieser Stelle das neuhochdeutsche Verb ‚schmelzen' für das mittelhochdeutsche Verb *eiten* verwendet.

Dies ist aber zu hinterfragen, denn die mittelhochdeutschen Wörterbücher bieten für diese Übersetzungsoption nur einen einzigen Beleg, nämlich eben jenen aus dem Tristanroman.[62] Für Vorgänge des Zerfließens, Schmelzens, *liquere, liquescere, liquefieri* dagegen ist das mittelhochdeutsche Verbum *smelzen* belegt. *eiten* bedeutet in den anderen Belegen: im Feuer erhitzen, brennen (lat. *ardere, coquere*). Dass im *Tristan* an dieser Stelle das Läutern des Goldes gemeint ist, wurde in den Kommentaren hierzu über parallele Stellen aus dem Roman zu erhärten gesucht, wo dieser Vorgang in der Tat eine Rolle spielt, wo aber das mittelhochdeutsche Verb *liutern* verwendet wird, wie es bereits beim Läutern der Liebe durch das *kleine zornelîn* in den Blick kam (*diz liutert liebe alse golt*, V. 13 073).

In Gottfrieds *invocatio* ist meines Erachtens nicht auf den Vorgang der Veredelung, des Probierens angespielt. Ich glaube, es geht um das Goldmachen und damit ist nicht der Bereich einer gebräuchlichen metallurgischen Technik angesprochen, sondern jener einer alchemistischen Verheißung, mit völlig anderen Implikationen. Die *transmutatio metallorum* und das Herstellen von Gold sind Ziel des großen Werkes, des *opus magnum*, betrieben vom Adepten der alchemistischen Kunst.[63] Huber kommentiert die Stelle wie folgt: Ein einziger Tropfen aus der Musenquelle würde genügen, um „wie ein Katalysator die Alchemie der Worte in Gang zu setzen".[64] Auch wenn Huber dabei wissensgeschichtliche Bezüge zur Alchemie nicht konkretisiert, ist ihre Annahme nicht abwegig. Zum einen begann bereits im 12. Jahrhundert die abendländische Auseinandersetzung mit der griechisch-arabischen alchemistischen Tradition. Alchemistische Verfahren aus Byzanz referiert vereinzelt bereits das für die mittelalterliche Technikgeschichte nicht zu unterschätzende Buch *Diversarum artium schedula* des Presbyters Theophilus im 12. Jahrhundert.[65] Den eigentlichen Beginn alchemistischer Literatur im Westen macht der 1144 von Robertus Castrensis aus dem Arabischen ins Lateinische übersetzte pseudoepigraphische Lehrdialog zwischen dem Eremiten Morienus und dem ägyptischen Prinzen Khalid. Unter dem Titel *Liber de compositione alchemiae* wird darin die Herkunft des Wissens vom großen Werk der *transmutatio metallorum* von Hermes Trismegistos ebenso behauptet wie die Notwendigkeit, dass der christliche Gott dem Adepten beistehe, wenn das *opus magnum* gelingen soll.[66] So schärft der durch hermetische Schriften im großen Werk unterrichtete Morienus dem Prinzen Khalid eigens ein, er solle fest auf Gott vertrauen und ihn

61 Zum Verfahren vgl. LexMa 4, 1535 (Elbern), s. v. ‚Gold'. Als Metapher kommt das Probieren des Goldes bereits vielfach in der Bibel vor; vgl. hierzu die Belege bei Okken Bd. 1 ^{2}1996, 270–271.

62 Lexer Bd. 1, 535; BMZ I, 427b.

63 Vgl. LexMa 1, 329–342 (Jüttner, Telle), s. v. ‚Alchemie'; TRE 2 1977 (Telle), s. v. ‚Alchemie'; Lippmann 1919, 467; Gebelein 2000; Haage 2000; Schütt 2000.

64 Huber 2013, 68; vgl. bereits Huber 1988, 82: Hier setzt er das alchemistische Bild Gottfrieds vom Bild der Vegetation bei Alanus ab Insulis ab.

65 Vgl. Theophilus Presbyter 1984; hierzu: LexMa 8, 666–667 (Ludwig), s. v. ‚Theophilus Presbyter'; Haage, Wegner (Hg.) 2007, 99.

66 Testament of Alchemy 1974; vgl. die Ausgaben und deutschen Übersetzungen in der frühen Neuzeit; z. B. *Liber de compositione alchemiæ* 1572; *Alchimy Spiegel* 1613; mehr in der Bibliographie

unerlässlich um Hilfe für das erfolgreiche Verrichten des *opus magnum* anrufen. Im *Liber de compositione alchemiae* ist die esoterische Vorstellung einer Läuterung des Adepten im Prozess des großen Werkes selbst erkennbar. Aber auch in dem eher technischen als esoterischen *liber de aluminibus et salibus*, das dem arabischen Gelehrten Rhazez zugeschrieben und ebenfalls bereits im 12. Jahrhundert ins Lateinische übersetzt wurde,[67] finden wir in den Rezepten allenthalben Gottesanrufungen wie *Deo volente* bzw. *cum auxilio Dei.*[68] Ebenfalls im 12. Jahrhundert erfolgt die lateinische Übersetzung des Buches der Ursachen (*De secretis naturae*) durch Hugo von Santalla. Hier findet sich bereits eine Übersetzung der *Tabula Smaragdina*, von der in den folgenden Jahrhunderten andere lateinische Übersetzungen in Umlauf kommen.[69] Angenommen wird, dass auch die *Turba Philosophorum*, die im 13. Jahrhundert breit überliefert wurde, schon im 12. Jahrhundert verfasst worden war. In diesem ältesten lateinischen Text der Alchemie mit breiter Wirkung wird eine Versammlung und ein Streitgespräch der großen Alchemisten inszeniert.[70] Die Verbindung eines chemisch-technischen Vorgangs mit einem philosophisch-spirituellen Exerzitium des Adepten ist in einigen dieser Schriften behauptet und gerade darin ist das Merkmal zu sehen, das Alchemie von der Nachbardisziplin der Metallurgie, der ja das Läutern von Gold angehört, abgrenzbar macht.[71] Insofern ist im Rahmen eines Dichtergebets eine alchemistische Metapher plausibler als eine metallurgische.

Zudem entspricht der bei Gottfried geschilderte Vorgang des Erhitzens eines Stoffes im Tiegel und des Zusetzens kleiner Mengen einer Substanz, durch welche letztlich die Verwandlung bewerkstelligt wird, dem Grundverfahren der *transmutatio metallorum*: Metalle strebt der Alchemiker zu verwandeln und schließlich zu Gold zu veredeln, indem er einen Naturstoff, der aus Materie und Form besteht, seiner hylemorphischen Eigenart zu entkleiden versucht, indem ihm die Form genommen und der Stoff auf eine *prima materia* – den Urstoff – reduziert wird. Durch den Zusatz eines *lapis philosophorum*, eines Elixirs oder Alkahest gelingt schließlich im Arbeitsprozess das *opus magnum*,[72] in dem der Adept die langsame Arbeit der Natur beschleunigt und das Werk des Schöpfers verrichtet. In Gottfrieds Literaturexkurs ist der Sinn des Dichters derangiert, verwirrt durch die Leistungen der Tradition und die Abnutzung der sprachlichen Mittel. Im Unfähigkeitstopos ist das Vermögen des Dichters analog zu jener Substanz, die in der Hitze zu Gold werden soll, deformiert. *Zunge unde sin* müssen erst wieder *verrichtende beslihtet* werden. Durch die winzige Träne vom Helikon formt sich die Rede (*zunge unde sin*) neu zu arabischem

---

bei Ferguson Bd. 2 1954, 109; vgl. auch Lippmann 1919, 483; Haage, Wegner (Hg.) 2007, 118; LexMa 8, 902 (Jüttner), s. v. ‚Robert von Chester'.

67 Buch der Alaune und Salze 1935.

68 Ebd., passim.

69 Ruska 1926, 177–179; ²VL 9 1995, 567–569 (Telle), s. v. ‚Tabula Smaragdina'; LexMa 8, 399 (Telle), s. v. ‚Tabula Smaragdina'.

70 Vgl. Ruska 1931; ²VL 9 1995, 1151–1152 (J. Telle), s. v. ‚Turba Philosophorum'; LexMa 8, 1098 (Telle), s. v. ‚Turba Philosophorum'.

71 Vgl. Horchler 2005, 7: Nur in der Alchemie vollziehe sich die „Synthese von chemisch-technischer Praxis und philosophisch-spirituellem Überbau."

72 LexMa 1, 334 (Jüttner), s. v. ‚Alchemie'.

Gold.[73] Dass das Resultat des Vorgangs von Gottfried als *vremede[s] wunder* (V. 4893) bezeichnet wird, scheint mir ebenfalls darauf hinzuweisen, dass nicht der technische Vorgang des Abschmelzens der Schlacken beim Probieren des Goldes gemeint ist, sondern das *mirabilium* der *transmutatio metallorum*. Alchemie wird hier als poetologische Metapher genutzt,[74] wobei letztendlich weniger ein konkretes literarisches oder rhetorisches Verfahren zum Zwecke der Generierung der Gottfried'schen Wirkungsästhetik figuriert[75] als vielmehr der Anspruch der eigenen Dichtung auf die Überbietung der Vorgänger artikuliert wird – Fertigen von Gold anstelle des Fertigens mit Gold. Hier bereits zeichnet sich eine Ästhetisierung der Alchemie ab, die das historische Schicksal dieser Praktiken nach ihrer wissenschaftsgeschichtlichen Abdankung prägen wird.[76]

Gottfrieds Doppeladressierung christlicher und paganer Instanzen weist ebenfalls in diese Richtung, sie ist für entsprechende esoterische Texte typisch. Der somit als Bildspender in Frage kommende Vorgang des Goldmachens ist bei Gottfried angereichert mit Verweisen auf griechische Mythologie und christliche Heilslehre, bezogen sind diese auf das Dichterwort und seine Perfektion. Im Dichtergebet um Inspiration ist somit eine immense Selbstaufwertung des eigenen Werkes impliziert, es wird als kostbarstes Metall schlechthin symbolisiert und als Resultat der außerordentlichen und erstaunlichen Meisterschaft des idealen Adepten ausgewiesen.

Vor diesem Hintergrund ist die an anderer Stelle des Literaturexkurses erfolgte Verurteilung eines namentlich ungenannten Autors zu betrachten, bei dem es sich wohl um Wolfram von Eschenbach, den Dichter des *Parzival*, handelt. Sein Erzählen wird verglichen mit dem Werk von Leuten, die „mit Ketten lügen" und die vorgeben, Gold und Perlen herzustellen:

> […] die mit den ketenen liegent
> und stumpfe sinne triegent,
> die golt von swachen sachen
> den kinden kunnen machen
> und ûz der bühsen giezen
> stoubîne mergriezen […]. (*Tristan*, V. 4667–4672)

73 Vgl. Wittstock 2015, 111–112, die hier allerdings den „Gedanken des Regelhaften und Geordneten" im Vordergrund sieht.

74 Viele Versuche, Alchemistisches in der deutschen höfischen Literatur des Mittelalters nachzuweisen, halten genaueren Prüfungen nicht stand, insbesondere die Versuche, eine vorgebliche alchemistische Zahlensymbolik auszumachen oder alchemistische Symbole in den Dichtungen zu belegen. Die Studie von Wittstock geht darüber hinaus, identifiziert allerdings Alchemistisches auch dort, wo eher Jagdkunde bzw. andere Wissensbereiche einschlägig sind. Die älteren Identifikationen alchemistischer Symbolik bei Wolfram von Eschenbach, Walther von der Vogelweide etc. referiert Horchler 2005, 337–374.

75 Vgl. die Spekulationen auf die Übersetzbarkeit der technischen Verfahren in narratologische Terminologie und Poetologie bei Wittstock 2015.

76 Vgl. das Kapitel „Dichter sind Erben der Alchemisten" bei Dutli 2020, 136–143. Zur poetischen Funktionalisierung der Alchemie bei Johann Fischart vgl. Bulang 2011, 58–60.

Übersetzung: [...], die mit Kettentricks täuschen und Unverständige betrügen, die für Kinder billiges Zeug in Gold verwandeln und aus einer Büchse Perlen aus Staub herausschütten [...]. (Haug)

Ich folge der Forschung hier nicht, welche davon ausging, dass der ungenannte Konkurrent als *ioculator*, als Vertreter der Spielleute, als ‚Jahrmarktskünstler', charakterisiert werde.[77] Hier sind die Gauner-Typologien des Spätmittelalters und der frühen Neuzeit prägend, die in ihrem Quellenwert nicht unproblematisch sind und sich auch nicht ohne Weiteres auf die Situation um 1200 übertragen lassen. In den späteren Quellen sind in der Tat eine ganze Reihe von Betrügereien mit Ketten aufgeführt: Selbstfesselungen und Befreiungen oder das Vorweisen von gebrochenen Ketten, verbunden mit der Behauptung, unschuldig in Gefangenschaft geraten und wundersam befreit worden zu sein.[78] Die frühe Neuzeit kennt für solche Gauner die Kategorie der ‚Loßner' (*ficti captivi vel ceci vel claudi*).[79] Solche Vorstellungen lassen sich nur schwer mit dem Goldmachen und dem Verwandeln von Staub in Perlen verbinden.[80] Die alternative Vorstellung, es handle sich um die Kettentricks der Zauberkünstler, also um das überraschende Auslösen und Einfügen von Kettengliedern bzw. Ringen aus und in eine vorgeblich intakte Kette vor Publikum, wäre eine zu erwägende Alternative. Dies ist denkbar als höfische Unterhaltungskunst, wobei freilich Belege für dergleichen ebenfalls erst spät vorliegen.[81] Die Geschichte solcher Magier zwischen Unterhaltung, Handwerk, Prognostik und Ingenieurskunst ist für

77 Vgl. Ragotzky 1971, 30.

78 Vgl. etwa den bemerkenswerten Fall des Selbstbinders Hans Vater; Hampe 1910; Beyer 2005.

79 Vgl. Jütte 1988, 60; zum Phänomen mit Hinweis auf mögliche frühere Verbreitung ebd., 76. Für Wolfram veranschlagt das Phänomen Nellmann 1988, 51. Er weist aber darauf hin, dass sich Belege für die Aufführungen solcher Gauner erst im 15. Jahrhundert finden. Müller-Kleimann 1990, 164 bringt ebenfalls eine Reihe von Belegen aus Spätmittelalter und früher Neuzeit, die betrügerische Praktiken der Gaukler und Gauner inkriminieren, die öffentlich Fesselungen und Befreiungen vorführten oder vorgaben, unschuldig in Gefangenschaft geraten und wundersam befreit worden zu sein. Im Spätmittelalter erfolgt eine polizeiliche Klassifizierung solcher Typen; vgl. dazu Reich 2021, 104–115.

80 In der Forschung ist kontrovers, ob es sich um vorgebliche Perlen aus Staub handelt oder um Pulver, das fälschlich als Perlenpulver ausgegeben wird. In letzterem Falle käme ein pharmazeutischer Aspekt ins Spiel, da Perlenstaub als Arzneimittel vertrieben wurde. Deshalb wird *bühse[n]* an dieser Stelle mitunter im Sinne einer Apothekenbüchse übersetzt. Müller-Kleimann geht davon aus, dass hier Blendwerk mit einer Apothekerbüchse und angeblichem Perlenstaub veranstaltet wird. Widersprüchlich ist vor diesem Hintergrund ihr Übersetzungsvorschlag für *stoubine mêrgriezen*, nämlich „Perlen aus Staub". Dabei handelt es sich aber um aus Staub gemachte Perlen und nicht um pulverisierte Perlen bzw. Perlenstaub; entsprechend wird das Adjektiv ‚stoubin' auch in den Wörterbüchern übersetzt („von Staub"), freilich mit einzigem Beleg aus dem *Tristan*. Ich verstehe in meiner Interpretation hier aus Staub gefertigte Perlen, nicht Pulver, das als Perlenpulver ausgegeben wird. In diesem Sinne auch Wittstock 2015, 109. Das Fertigen von Perlen aus Staub ist im Zitat zudem parallelisiert zum Fertigen von Gold aus *swachen sachen*.

81 Eindrücklich schildert beispielsweise Jean Bodin, wie der berüchtigte Teufelsbündler und Zauberer namens Trois Eschelles den französischen König durch die Aufführung von solchen Kettentricks brüskierte: Bodin 2016, 206f., 472. Der Beleg zeigt die Ambivalenz zwischen

das Mittelalter noch nicht geschrieben. Was mich dazu veranlasst, hier nicht den Gauner auf dem Markt, sondern den Magus bei Hofe zu vermuten, ist gerade die Verbindung von Kettentrick mit alchemistischen Versprechen sowie die Assoziation schwarzmagischer Bücher, die den Ungenannten immerhin als Buchgelehrten vergegenwärtigt, was wohl für den Jahrmarktgauner so nicht zu veranschlagen ist. Die Kritik an den Betrügern, den falschen Adepten an den Höfen der Fürsten, die betrügerisch vorgeben, das Goldmachen zu beherrschen,[82] gehört nicht zuletzt zum festen Inventar der alchemistischen Schriften selbst: Im bereits erwähnten *Liber de compositione alchemiae* tötet der ägyptische Prinz alle seine falschen Hofmagier, nachdem er sich vom Können des Morienus überzeugen konnte.[83] Nicht der Jahrmarkt scheint mir Ort solcher Darbietungen zu sein, sondern der Hof, wobei die Grenze zwischen dem Praktizieren einer *ars* und höfischer Unterhaltung fließend sein kann. Gottfried rückt seinen Gegner in die Nähe falscher Alchemisten, die vorgeben Gold (also höchste Dichtung) machen zu können, aber letztlich nur erbärmliche Surrogate liefern, die höchsten Ansprüchen nicht genügen.[84] Vor dem Hintergrund des finsteren Trickbetrügers glänzt der lautere Adept noch heller. Dabei erscheint, veranschlagt man hier Alchemie statt Metallurgie, der Prozess der Produktion des sprachlichen Werkes als *opus magnum*, womit auch eine grundverschiedene Vorstellung von Produktivität einhergeht: Nicht ein quasi-technischer, gleichsam die Werkzeuge der Rhetorik zum Einsatz bringender Literaturprozess wird konzeptionalisiert, sondern ein genuin schöpferischer.[85] Denn der Alchemist dringt in die Geheimnisse der Schöpfung ein und verwandelt die Dinge in einer Weise, die eigentlich dem Schöpfer selbst vorbehalten ist.[86] Der werk- und produktionsästhetische Anspruch, den Gottfried in seinem Dichtergebet artikuliert, ist nichts weniger als absolut.

Der Durchgang durch die Reihe der Gold-Belege in Gottfrieds *Tristan* zeigt die reiche Kontextbezüglichkeit des Werkes, unabhängig davon, ob Gold in Hinblick auf seinen Tauschwert, als Schmuckgegenstand oder als ästhetische Metapher thematisiert wird. Für die Modellierung der Liebeskonzeption und des ästhetischen Wertes des Textes sind die Goldreferenzen nicht allein mit Blick auf den Wert des Edelmetalls einschlägig, sondern auch mit Blick auf seine Verwendungen in verschiedenen kulturellen Kontexten. Gold kommt sowohl im sakralen Bereich des religiösen Kultes als auch im Bereich herrschaftlicher Repräsentation zur Anwendung.

Zauberaufführungen und Teufelskunst in der frühen Neuzeit; vgl. dazu jetzt auch Reich 2021, 504–548.

82 Von den Umtrieben eines Betrügers und selbsternannten Goldmachers am Hof des Hamburger Erzbischofs Adalbert von Bremen (11. Jahrhundert) berichtet die Chronik Adams von Bremen; vgl. Gebelein 1991, 145f.

83 Vgl. *Alchimy Spiegel* 1613, 21.

84 Quast sieht in seinen Ausführungen zum Nichthermeneutischen den von Gottfried inkriminierten mangelnden Sinnbezug als Grund für die Diagnose „falschen Zaubers“; vgl. Quast 2004, 251f.

85 Vgl. Jaeger, Schöpfer 1978; Cramer 1986.

86 Vgl. LexMa 1, 330f. (Jüttner, Telle), s. v. ‚Alchemie‘.

Unveränderlichkeit, Reinheit und Glanz des Goldes veranlassten seit jeher den Einsatz für den Götterkult.[87] Als Material, das schließlich auch von Christen für liturgisches Gerät und liturgische Gewänder verarbeitet, in Reliquiaren und in der kalligraphischen Umsetzung der Bibeltexte eingesetzt wird,[88] organisiert das glänzende, wertvolle, seltene Metall die Unterscheidung zwischen dem Profanen und dem Sakralen. Goldene Artefakte bilden Rahmen, Gefäß oder Hintergrund in dem und vor dem sich die Epiphanie des Heiligen ereignet. Im Reliquienkult wird die Epiphanie des Heiligen durch Gold und Edelsteine betrieben. John Strong weist darauf hin, dass den Reliquienkult eine doppelte Paradoxie kennzeichnet: Die sichtbaren Zeichen dafür, dass die großen Gründer, Bekenner und Blutzeugen tot sind, sollen einerseits für ihr ewiges Leben einstehen. Andererseits gelten Leichenteile in den meisten Kulturen als unreine Objekte, die mit Tabus belegt sind. Im christlichen Märtyrerkult stehen nun gerade sie für die höchste Heiligkeit und Reinheit der Verstorbenen.[89] Im Kult, welcher dem Heiligen und seiner Reliquie gilt, wird diese doppelte Paradoxie in einer glückenden Umwertung bewältigt. Im Akt der Adoration erscheint Gold als Zeichen der Heiligkeit.[90] Dass die Reliquienverehrung davon absehen konnte, es mit unreinen Leichenteilen zu tun zu haben, hat nicht zuletzt mit der verklärenden Kraft von Gold und Edelsteinen der Reliquiare zu tun. Die Einleitung der *Lex Salica* berichtet, dass die getauften Franken die heiligen Märtyrer mit Gold und köstlichen Steinen verziert hätten, welche die Römer im Feuer verbrannt, mit dem Schwert zerhauen und den wilden Tieren vorgeworfen hätten.[91] Die umwertende Kraft des Goldes nimmt auch Gottfried für die Konzeptionalisierung der Liebe in Anspruch.

Antike Traditionen aufnehmend und überhöht durch den christlich-sakralen Einsatz des Goldes dienen goldene Artefakte im Bereich laikaler Herrschaft als Mittel ständischer Distinktion, zur Modellierung herrscherlichen Charismas, aber eben auch zur Ostentation weltlicher Machtfülle. Politischer Anspruch und moralische Autorität werden gleichermaßen im Goldschmuck ausgestellt.[92] Vollends manifest wird dies in den Herrscherinsignien: „Alle Elemente des herrscherlichen ‚apparatus', von der Krone zum Mantel sind metaphorisch vom Gold bestimmt."[93] Im Bildfeld des Goldes werden somit sowohl klerikale als auch aristokratische Symbolsysteme in den Roman hineinzitiert, die im Mittelalter kulturell spannungsreich aufeinander bezogen sind.

Bemerkenswert ist, dass eine ambivalente Wertung des Goldes im *Tristan* allenfalls in Spurenelementen vorkommt. Man könnte – moralische Lektüren vorausgesetzt – dergleichen in Isoldes Versuch, Gott durch das Verschenken von Gold und Silber gnädig zu stimmen, vermuten oder die metaphorische Schilderung der Verblendung von König Marke durch den Goldglanz der Liebe in diesem Sinne lesen, wobei dies strittig bleiben muss.

87 Vgl. LexMa 4, 1537 (Elbern), s. v. ‚Gold'; Dutli 2020, 29–39.

88 Zu mittelalterlichen Goldschriften vgl. Trost 1992.

89 ER 12 1993, 275–282, 281 (Strong), s. v. ‚relics'.

90 Angenendt 1997, 185–187; vgl. Schmitz-Esser 2014, 116–137.

91 Lex Salica, Prologus (bereinigte Version): […] *post agritionem baptismi sanctorum martyrum corpora, quae Romani igne cremaverant, vel ferro truncaverant, vel bestiis projecerant, ranci super aurum et lapides pretiosos ornaverunt.*

92 LexMa 4, 1538 (Elbern), s. v. ‚Gold'.

93 Ebd. Zu den Reichskleinodien Fillitz 2006, 408.

Gold ist bei Gottfried abgesehen davon durchweg positiv und affirmativ eingesetzt. Und dieses weitgehende Fehlen der negativen Interpretation des Goldes ist ein erstaunlicher Befund. Denn die Kritik des Goldes ist so geläufig wie die Verurteilung einer Suche nach nur weltlichem Glück und diesseitiger Erfüllung. Aus klerikaler Perspektive kann dies nur so befriedigend und flüchtig sein wie weltlicher Reichtum. Die christliche Tradition kennt zudem die Abweisung häretischer Idolatrie, für die das goldene Kalb der Israeliten zur zentralen Metapher wird. Fortgeführt wird im Christentum nicht nur die biblische Feier des Goldes als Segen, sondern auch seine Perhorreszierung im Zeichen verblendeter Weltzugewandtheit, zu welcher der Goldschmuck der babylonischen Hure lockt.[94] Gold im *Tristan* dagegen feiert die Liebenden und die gelungene Dichtung. Die Zusammenschau der entsprechenden Belege im Roman zeigt vor dem doppelten Hintergrund sakraler und weltlicher Praktiken, wie im Zeichen des Goldes kulturelle Energien dem Text für seine Sinnbildung und Wertmodellierung verfügbar gemacht werden.[95] Inszeniert wird dabei nach Mustern sakraler und weltlicher Auszeichnungspraktiken der ewige Wert einer Liebe, die aus moraltheologischer Perspektive ehebrecherisch und Ausweis menschlicher *concupiscentia* ist. Verklärt wird im Zeichen des Goldes die *memoria* eines heiligmäßigen Paares, welches, aus kirchenrechtlicher Perspektive betrachtet, die heilige Institution der Ehe besudelt. Weltlicher Goldwert und Widerschein der Transzendenz im Glanz werden im Konnotationsreichtum der Goldberufungen ununterscheidbar. Solcherart wird es möglich zu behaupten, bei der Liebe Tristans und Isoldes handle es sich um den höchsten Wert. Zugleich wird die im Zeichen dieser Liebe sich entfaltende Dichtung als *opus magnum* der Goldfertigung verklärt.

---

94 LexMa 4, 1538 (Elbern), s. v. ‚Gold'.

95 Greenblatts Metapher einer Zirkulation sozialer Energie ließe sich vielleicht durch literarische Praktiken solcher Bezugnahmen konkretisieren; vgl. Greenblatt 1988.

Drei

Isolde, *niuwe sunne*
Mykene – Dublin – Cornwall – *hie*

du sunnen glanz wol ûz erkorn
reht sam von Arabie
daz lûter golt, dem nie
iht was gelîche[1]

In den höchsten Tönen lobt Tristan am Markehof nach seinem ersten Irlandabenteuer die irische Prinzessin. Seine Preisrede verfehlt ihre Wirkung auf die Zuhörer nicht und wird später bedeutsam für Markes komplizierte Brautwerbung. Bei der Gestaltung des Isoldelobs in Gottfrieds *Tristan* ist ein besonders hoher Eigenanteil des deutschen Verfassers anzunehmen, wobei letzte Sicherheit hierüber schwer zu erlangen ist. Denn die betreffende Stelle ist unter den überlieferten Texten des Thomas nicht mehr vorhanden und eine Rekonstruktion unter Zuhilfenahme der altnordischen *Tristrams Saga ok Ísondar* und des englischen *Sir Tristrem* macht Schwierigkeiten, da die beiden auf Thomas zurückgehenden Nacherzählungen erheblich divergieren. Im *Sir Tristrem* bereiten bestimmte Stellen zudem Verständnisschwierigkeiten.

Bei Gottfried kehrt Tristan nach Cornwall zurück und berichtet dem darüber erstaunten und begeisterten Hof von der wundersamen Heilung seiner Wunde durch seine Feindin. Dieser Erzählung folgt Tristans emphatische Lobrede auf die junge Isolde. Anschließend wird erzählt, wie die neidischen Barone gegen Markes Favoriten Tristan intrigieren, indem sie den König gegen seinen Willen zur Eheschließung drängen.[2] Marke nennt daraufhin die von Tristan gelobte Isolde als einzig in Frage kommende Frau, weil er hofft, er könne durch die Forderung des Unmöglichen der ungewünschten Heirat entgehen.

Anders ist das Geschehen in der *Tristrams Saga ok Ísondar* gestaltet. Tristans Preisrede auf die irische Königstochter kommt hier nicht vor. Der Held gelangt nach der Irlandfahrt wieder glücklich in „Bretland“ an und zieht feierlich im Königspalast ein. Mark geht ihm entgegen, lässt ihn an seiner Seite niedersitzen, woraufhin Tristram ihm von seinen Fahrten und seiner Heilung berichtet. Die Umstehenden sind erstaunt und vermuten Zauberei. Kein Wort verliert Tristram über die junge Isond. Es folgt die Geschichte vom intriganten Werbungsrat der Barone, Mark willigt unter der Bedingung ein, dass man eine ebenbürtige und ihm angemessene Braut nenne. Nach Ablauf der Bedenkzeit findet sich der Rat erneut zusammen, dem nicht nur aus mittelalterlichen Erzählungen vertrauten Brautwerbungsschema gemäß tritt ein ‚Nenner‘ hervor und nennt die schönste Frau, die irische Prinzessin. An dieser Stelle ist eine Lobrede schemakonform eingepasst – als

1 Von der Hagen Bd. 3.1 1838, 467a.

2 Zur Intrige der Barone ausführlich Hanuschkin 2015, 134–149.

dilatatio materiae der allfälligen Attribute für die beste Braut.[3] Sie wird hier auch nicht von Tristram, sondern von einem anderen Mitglied des Rats vorgebracht:

> En þér hafit opt heyrt, at Írakonungr á dóttur fríða, ok svá náttúrlig gæfa gefin, at hana skortir ei góðleik ok skǫrugleik, sem kvennmanna hœversku sómir at hafa; þessi er hin frægasta ok hin friðasta, hin hyggnasta ok hin kurteisasta allra kvenna at ǫllum atgørðum, er nú vitu menn í ǫllum kristnum lǫndum [...]. (*Tristams Saga*, cap. XXXIII; 45,32–36)
>
> Übersetzung: Nun habet ihr oft vernommen, dass der Irenkönig eine schöne tochter hat, die von natur so glücklich beanlagt ist, dass es ihr nicht an herzensgüte oder sonstigen hervorragenden eigenschaften fehlt, welche einer höfisch gebildeten dame zu haben geziemt; das ist die ruhmwürdigste und die schönste, die verständigste und die hochgebildetste aller frauen in jeder beziehung, von der man jetzt in allen christlichen ländern kunde hat [...]. (Kölbing)[4]

Hat der isländische Bearbeiter die Erzählung des Thomas an das Brautwerbungsschema angepasst und Tristrants Rede dem üblichen ‚Nenner' in den Mund gelegt? Der *Sir Tristrem* erzählt die Begebenheit anders: Auf Tristrems Bericht über die Heilung durch die Hand der Feindin folgt hier sein Lob der irischen Prinzessin:

> And seþþen Tristrem haþ teld
> Of Ysonde, þat was kene,
> Al newe,
> Hou sche was briȝt and schene,
> Of loue was non so trewe. (*Sir Tristrem*, CXXI, 1327–1331)
>
> Übersetzung: [...] und dann hat Tristrem gesprochen von Ysonde, die klug war, ganz neue kunde; wie sie strahlend und schön wäre, in der liebe sei keine so treu. (Kölbing)[5]

Tristrems Rede löst bei Mark unmittelbar den Wunsch aus, die Braut zu sehen. Der Intrige der Höflinge bedarf es später nur noch, um Tristrem auch als Brautwerber ins Abenteuer zu schicken. Marks begeisterte Antwort auf Tristrems Lob der Ysonde weist einige Unstimmigkeiten auf:

> Mark to Tristrem gan say:
> "Mi lond bitake y þe,
> To han after mi day,
> þine owhen schal it be:
> Bring þou me þat may,
> þat ich hir may yse!"
> þis was his maner ay,
> Of Ysonde þan spekeþ he,
> Her prise,

3 Schmid-Cadalbert 1985, 85f.; zur Funktion des Isoldelobs im Zusammenhang des Brautwerbungsschemas jetzt ausführlich Möllenbrink 2020, 340–360.

4 *Tristrams Saga ok Ísondar*, 144.

5 *Sir Tristrem*, 260.

Hou sche was gent and fre,
Of loue was non so wise. (*Sir Tristrem*, CXXII, 1332–1342)

Übersetzung: Marke sprach zu Tristrem: „Mein land übergebe ich dir, um es nach meinem tode zu besitzen, dein eigen soll es sein; bringe du mir die jungfrau, dass ich sie sehen mag!“ Das war immer seine gewohnheit, wenn er von Ysonde spricht, sie zu rühmen, wie sie sanft und edel wäre, in der liebe gäbe es keine so weise. (Kölbing)[6]

Warum sollte Mark Tristrem als Lohn für das Herbeibringen der Ysonde sein Erbe in Aussicht stellen? Die Ehe und ein daraus hervorgehender Nachfolger würden doch gerade ausschließen, dass Tristrem in Marks Erbe tritt, welches ihm bei Gottfried vor Markes Werbung bereits zugesagt wird. Unklar ist zudem, ob es Tristrem ist, der bei jeder Gelegenheit Ysonde rühmt, oder ob Mark dies tut, nachdem er Tristrems Lob vernommen hat. Eugen Kölbing, der in seinen Ausgaben und Kommentaren der Texte beide Möglichkeiten erwogen hat, sieht in der Strophe eine Kontamination von Marks Versprechen der Ehelosigkeit und des Einsetzens Tristans als Erben einerseits und von Marks Rückgriff auf Tristrems Ysondelob während der Brautwerbung andererseits. Für diese Diagnose greift er auf die entsprechenden Gottfried-Stellen zurück.[7]

Aus den Befunden ergibt sich jedoch keine schlüssige Hypothese über die Gestaltung der Zusammenhänge in der Dichtung des Thomas, Gottfrieds Quelle. Anzunehmen ist sicherlich, dass es vor der Brautwerbung Markes oder im Zusammenhang mit dem Werbungsrat eine Lobrede auf Ysolt gab. Wie diese innerhalb des Werbungsgeschehens funktionalisiert wurde, muss offenbleiben.

Bei Gottfried ist Tristans Isoldelob über die bekannten Fassungen hinaus mehrfach motiviert und determiniert. Ältere Forschungen sahen in Tristans ‚Schwärmerei‘ Indiz für eine Liebe vor dem Trank oder sie wiesen darauf hin, dass dieses Lob von Markes Brautwerbungsentschluss her von hinten motiviert sei.[8] Denn Marke nennt die irische Isolde, die er aus Tristans Lobrede kennt, als er von seinen Hofleuten dazu gedrängt wird, um eine Braut zu werben. Dabei folgt er freilich nicht dem gängigen Muster des Verliebens vom Hörensagen, sondern er nennt berechnend die Ungewinnbare und Unerreichbare, um der ungewünschten Ehe zu entgehen.[9] Figurenpsychologische Deutungen des Isoldelobs gerieten immer wieder an Grenzen. Der Passus geht in der Funktion einer Plausibilisierung von Figurenhandlungen durch Motivierung und Emotionen nicht auf. Eingefasst in Tristans Preisrede sind konzeptionelle und poetologische Auseinandersetzungen, die gegenüber einem angenommenen affektiven Ausdruck der Figur (Tristans ‚Schwärmerei‘) ebenso überschüssig sind wie gegenüber einer Begründung aus der späteren – wirkungslosen – Intrige Markes gegen die Höflinge (Markes berechnender Eid).

---

6 *Sir Tristrem*, 260.

7 *Sir Tristrem*, 147f.

8 Vgl. das Resümee dieser Diskussion im Kommentar von Manfred Günter Scholz: Gottfried von Straßburg, *Tristan* Bd. 2 2011, 469f. und bei Möllenbrink 2020, 338f.

9 Vgl. die Zusammenschau solcher Wünsche nach Ehelosigkeit in der deutschen Literatur des Mittelalters und der frühen Neuzeit bei Toepfer 2019, 303–319.

Wenn Tristan die irische Prinzessin mit dem Epitheton *niuwe sunne* versieht,[10] eröffnet sich damit ein breiter Hof von Assoziationen und intertextuellen Bezugsmöglichkeiten – auf weltliche und geistliche Dichtung ebenso wie auf Christusapostrophen patristischer Schriften, auf Mariologie und höfische Lyrik. Der mythologische Vergleich Isoldes mit Helena, der schönsten Frau der (alten) Welt, greift auf Traditionen antiker Epik zurück und indiziert damit ebenfalls eine dichte Literarisierung der Passage. Für eine poetologische Lesbarkeit spricht zudem die im Text inszenierte Rahmung von Tristans laudativem Sprechakt, der dadurch nicht nur den Kontext einer Aufführungssituation erhält, sondern der darüber hinaus auch in seinen affektiven Wirkungen auf die Zuhörer geschildert wird. In das Isoldelob und seine Einbettung investiert Gottfried nicht unerhebliche literarische Arbeit, wodurch eine vielschichtige Lesbarkeit ermöglicht wird, der hier nachzugehen ist, um die konzeptionelle und poetologische Relevanz dieser Rede zu ergründen.

Die Performanzdebatte in der Minnesangforschung kann den Blick dafür schärfen, dass Gottfrieds Frauenpreis in einer inszenierten Aufführungssituation dargeboten wird.[11] Auch wenn Tristan hier nicht singt, ergeben sich durch die Schilderung der Wirkungsästhetik seiner Preisrede und durch das vergleichbare rhetorische Inventar durchaus Bezüge zur lyrischen Gattung.[12] Tristan spricht seine Eloge vor der versammelten Hofgesellschaft. Gegenstand der Gespräche bei Hofe war unmittelbar davor Tristans erfolgreiches erstes Irlandabenteuer. Mit seiner vergifteten Wunde hatte er es trotz des Bannes, den König Gurmun gegen alle Cornwalliser ausgesprochen hatte, ins Land geschafft und sich direkt von seiner Feindin, der Mutter Isoldes und der Schwester des von ihm getöteten Morolt, heilen lassen. Tristan erzählt die Geschichte auf Nachfrage dem König, der Kontext macht deutlich, dass dies öffentlich geschieht. Bei den Umstehenden erzeugt Tristans Irlandabenteuer Begeisterung, Unglauben und Gelächter:

> [...] und er seite ime daz mære
> von obene hin ze grunde
> sô er ebeneste kunde.
> des nam s'ouch alle wunder
> und begunden hier under
> vil schimpfen unde lachen
> und michel lahter machen
> von sîner verte in Îrlant,
> von sîner vîndinne hant,
> wie schône in diu generte,
> von allem dem geverte,

10 Im Isoldelob kommt es erstmals im Text zum Vergleich Isoldes mit der Sonne; vgl. Wessel 1984, 324–326.

11 Zu diesem Komplex vgl. besonders die Zusammenfassung der Forschung bei Kellner 2018, 18–28.

12 Vgl. P. Kern 1988, 208f.; M. Kern 1998, 167; Huber 2002, 343; Young 2002, 265. Wyss 2002 beobachtet Gottfrieds Grenzüberschreitungen der epischen Gattung; Gottfrieds „generische Paradoxie“ behandelt Bleumer 2008.

daz er under in begie.
si jâhen, si'n gevrieschen nie
solhes wunders gemach. (*Tristan*, V. 8234–8247)

Übersetzung: [...] und er erzählte ihm die Geschichte vom Anfang bis zum Ende so getreu, wie er nur konnte. Alle verwunderten sich darüber, und dann fingen sie an, sich mächtig zu belustigen und zu lachen und in Gelächter auszubrechen über seine Irlandfahrt, darüber, daß die Hand seiner Feindin ihn so wundersam heilte, und über all die Winkelzüge, die ihm bei den Iren gelungen waren. Sie sagten, sie hätten noch nie eine so unglaubliche Geschichte gehört. (Haug)

Die von Tristan unter Todesgefahr und Ängsten durchgestandene Geschichte wird in der Erzählung zum *mirabilium* (*wunder*) von Tristans Heilung und Anlass für Gelächter, Spott, Schadenfreude und Staunen, sie wird dabei reduziert zum Schwank über den listigen Helden, der sich von seiner Todfeindin heilen ließ. Darin schnurrt das komplizierte Geschehen gewissermaßen auf eine Kurzformel zusammen. Die Regel, dass mittelhochdeutsch *lachen* der Etikette wegen im höfischen Kontext mit ‚lächeln' zu übersetzen ist, trifft hier nicht zu. Angesichts der Geschichte ereignet sich ein Kontrollverlust, statt höfischem Lächeln dominiert eruptives Gelächter.[13] Tristans Isoldepreis in diesem Kontext erscheint als Registerwechsel von Erzählung zu Panegyrik, von Schwankhandlung zu hyperbolischem Frauenpreis, von Gelächter zu Ergriffenheit.[14] Tristan weiß offenbar als Erzähler auf der Klaviatur der Affekte seiner Zuhörer zu spielen.[15] Bemerkenswerterweise folgt dem Isoldelob und der Beschreibung der erhebenden Wirkungen des Frauenpreises auf die Zuhörer dann sogleich Gottfrieds Erzählung der Intrige, jener Anschläge nämlich, die Markes Höflinge auf den Favoriten des Königs,[16] Tristan, planen. Die Wirkung von Tristans Rede über Isolde bei den Zuhörern ist eine gänzlich andere als die Wirkung der Abenteuererzählung. Die Rede über die Schönheit erscheint so ék-statisch, aus den Verstrickungen in die *âventiure* herausgestellt und der Welt der Intrige enthoben:

Als Tristan hæte gesaget
von sîner vrouwen der maget,
der wunneclîchen von Îrlant,
dâ nâch als ez im was erkant,
swer dô dâ bî dem mære was
und ez rehte in sîn herze las,
dem süezete diu rede den muot
reht alse des meien tou die bluot:
si hæten alle muot dâ van. (*Tristan*, V. 8301–8309)

Übersetzung: Als Tristan so von seiner Herrin, der wunderschönen irischen Prinzessin, soviel er von ihr wußte, berichtet hatte – wer da bei der Erzählung dabei war und sie voll in

13 Plessner 1941.

14 Vgl. Kragl 2019, 16.

15 Dass sich Tristan hier als Künstler und Kenner des Frauenpreises präsentiere, vermerkt bereits P. Kern 1988, 208f. Dazu jetzt Möllenbrink 2020, 339, 360–363.

16 Gruenter (1964) 1993.

sein Herz aufnahm, dem erfrischten die Worte die Seele so wie der Tau im Mai die Blüten: alle waren sie hingerissen. (Haug)

Dieser Registerwechsel steht symptomatisch für Gottfrieds Bearbeitung der Stofftradition, welche die „narrative Lust an der List“[17] immer wieder zum Anlass von Wertediskussionen über wahre Liebe macht und mit ihr eine ästhetische Reflexion auf Schönheit verschränkt. Wurden die Umstehenden durch die Erzählung vom Irlandabenteuer zum Gelächter gereizt, so *süezete* ihnen das Isoldelob den *muot*. Tristans Lob der Isolde löst bei seinen Zuhörenden mithin genau das aus, was Isoldes Anblick bei den irischen Hofleuten bewirkt:

der Îsôt under ougen siht,
dem liutert'z herze unde muot,
reht als diu gluot dem golde tuot:
ez liebet leben unde lîp. (*Tristan*, V. 8290–8293)

Übersetzung: Wer Isold in die Augen sieht, dem läutern sich Herz und Geist so wie das Gold in der Glut; es macht Leib und Leben zur Lust. (Haug)

Die Wirkung der Isolde auf ihre Betrachter ist somit parallelisiert mit der Wirkung von Tristans Rede auf die Zuhörer:[18] Noch im Preis der Schönheit Isoldes wirkt diese auch bei abwesendem Objekt durch das Medium der Sprache. Dass die Schönheit der Frau in der Virtuosität des Preises sich manifestiert, ist die werkästhetische Pointe des hohen Minnesangs, die obligatorische Selbstgratulation des Preisenden der schönsten Frau als bester Sänger.[19] Gottfried inszeniert diesen Anspruch in der Vortragssituation von Tristans Frauenpreis, der insofern deutliche Parallelen zur Wirkung von Tristans Sangesdarbietungen in Cornwall und Irland aufweist.

In einem Minnelied hat Heinrich von Morungen seine Dame gepriesen und zunächst die *fama* ihrer Ehre mit dem den Erdkreis beleuchtenden Mondschein verglichen, um sogleich steigernd hinzuzufügen, dass der Glanz der Güte der Dame sogar die ganze Welt umfließt. Der Vergleich der Dame mit dem Mondschein ist dabei vorläufiges rhetorisches Mittel in der ersten Strophe, denn der Preis steigert sich fort und fort. In der vierten Strophe des Liedes schließlich ist das Tugendlob der Dame bis ins Unermessliche gesteigert: Sie ist der *sunnen gelîch*.

Ir tugent reine ist der sunnen gelîch, MF 123, 1 – 4 BCCa
diu trüebiu wolken tuot liehte gevar,
swenne in dem meien ir schîn ist sô klâr.
des wirde ich staeter vröide vil rîch,
daz überliuhtet ir lop alsô gar
wîp unde vrowen die besten vür wâr,
Die man benennet in tiuschem lande.

17 So Warning 2003, der auf der Episodizität und dem Schwankcharakter von Gottfrieds *Tristan* gegen wagnerisierende Lesungen insistiert, dabei aber teilweise die heterodoxe Wertediskussion des Textes abblendet.

18 Vgl. zur poetologischen Relevanz dieser Parallele Young 2002, 270.

19 Vgl. Hübner Bd. 1 1996, 187, 191–192; Kellner 2018, 82.

verre unde nâr
sô ist si ez, diu baz erkande.

Übersetzung: Ihre vollkommene Lauterkeit gleicht der Sonne, die dunklen Wolken hellen Glanz verleiht, wenn im Frühling ihr Licht klar erstrahlt. Darum wird mir beständige Freude in reichem Maße zuteil: Ihr Ruhm überstrahlt selbst die besten – ob Frau, ob Herrin –, die man in deutschen Landen nennt, fern und nah, sie ist die Berühmteste! (Tervooren)[20]

Das Bild des Hervortretens der Sonne aus den trüben Wolken – eine Variante der vielen Sonnengleichnisse im Werk Morungens[21] – ist auch aus dem *Nibelungenlied* bekannt und wird dort für die strahlende Schönheit der jungen Kriemhilt eingesetzt.[22] Im singenden Ich löst diese Schönheit bei Morungen *staete vröide* aus, ein im Minnesang durchaus nicht häufig begegnender Affekt. So wie ihre Schönheit, so *überliuhtet* in charakteristischer Engführung auch ihr Lob alle anderen Frauen, *die besten [...] die man benennet in tiuschen lande.* In diesem Lied wird der Kulturimport aus der Troubadourlyrik in der Kanzonenform, aber auch im Motivinventar des *grand chant courtoise* manifest. Mit dem Hinweis auf die besten Frauen *in tiuschem lande*, die allesamt durch die Tugend der Dame überboten werden, geht auch hier die Schönheit der Poesie von Frankreich auf den deutschen Sprachraum über. Der Preis der schönsten Frau unter den deutschen Frauen ist eine sängerische Selbstgratulation für das beste Lied deutscher Sprache: „Ihre Vollkommenheit ist letztendlich ein Reflex seiner poetischen Fähigkeiten, deren Ausdruck das vollkommene Singen ist."[23] Das Überleuchten der Sonne in deutschem Land nimmt in steigernder Variation das Leuchten des Mondscheins über das Land aus der ersten Strophe auf, die Frau (*wîp*), die dort noch als *ze allen êren [...] wol erkant* gerühmt wird, ist am Ende des Liedes die im Zeichen ihrer Tugendschönheit *baz erkande.*[24]

Wenn auch die ästhetische Pointierung des Frauenpreises auf das eigene Preislied im Minnesang zur gattungskonstitutiven Zuspitzung kommt, so sind doch die von Gottfried eingesetzten Motive und Sinnbilder des Frauenpreises keineswegs allein in der weltlichen volkssprachigen Lyrik begründet. Vielmehr bemächtigte sich solcher Frauenpreis immer schon einer breiten geistlichen Topik.[25] Friedrich Ohly hat Gottfrieds Rede von Isolde als *niuwe sunne* als Variation des christlichen *sol novus*-Topos betrachtet. Mit der Setzung des Weihnachtsfestes auf den Tag der Sonnenwende wurde das heidnische Fest der Geburt des *sol invictus* als „christliches Sonnenfest" annektiert. Als *sol novus* und wahre Sonne ist Christus durch das Morgenrot Johannes des Täufers angekündigt worden.[26] Christus rückt hier in eine Typologie ein, die es ermöglicht, ihn nicht nur auf verschiedene biblische

20 Minnesangs Frühling 123,1; Heinrich von Morungen 1975, 23.
21 Vgl. dazu Hübner Bd. 1 1996, 142–143.
22 Vgl. *Nibelungenlied*, Str. 281; vgl. zur Stelle Bulang 2006, 189–191.
23 Kellner 2018, 82.
24 Eine subtile prädikative Steigerung vermerkt in diesem Lied Hübner Bd. 1 1996, 187–188.
25 Vgl. Kesting 1965. Zusammenfassend jetzt das Kapitel „Minnedienst und religiöse Semantik" bei Kellner 2018, 37–39.
26 Christus ging der Propheten Dämmerung und das Morgenrot des Täufers voraus – so heißt es in einer Predigt des Maximus, CCSL 23, 262, 57ff., vgl. Ohly 1979, 128; vgl. zur typologischen Dimension bereits Wolf 1974, 98f.

Antitypen zu beziehen, sondern auch auf mythische. So ist Christus beispielsweise als *Orpheus novus* bzw. *Orpheus noster* durch den heidnischen Mythos vorverkündet. An solche außerbiblische Typologie knüpft Gottfried an, wenn er die Schönheit Isoldes mit jener Helenas vergleicht. Gottfried funktionalisiert dabei den Topos der neuen Sonne Christus, welcher der Verkündigung des Heils diente, für den Preis der Schönheit Isoldes, verweiblicht somit den Topos und bringt das grammatische Geschlecht des deutschen Ausdrucks *sunne* mit dem natürlichen des Vergleichsgegenstandes zur Deckung. Ohly sieht die eigentliche Pointe des Vergleichs in monastischen Verwendungen des Topos mit Bezug auf irische Klostergründer:

> In einem typologischen Sinn setzt Gottfried von Straßburg Helena, der alten Sonne aus Mykene, Isolde als die *niuwe sunne* aus Irland entgegen, die statt im Osten im Westen aufgegangen war. Dahinter steht eine literarische Tradition St. Gallens, die in dem aus Irland gekommenen Klostergründer den *Sol novus* aus dem Westen sah. Ins Unglaubliche steigerte dies Konzept in St. Gallen Notker Balbulus, nach dem Gott schon bei der Erschaffung der Sonne vorsah, daß im sechsten Weltalter im Westen Beda als die neue Sonne aufzugehen habe: *Quem naturarum dispositor Deus, qui quarta die mundanae creationis solem ab oriente produxit, in sexta aetate saeculi novum solem ab occidente ad illuminationem totius orbis direxit.* Beda war die zum Aufgang aus dem Westen von Gott erwählte Sonne. Da kam Gottfrieds genialer Einfall, nun typologisch Helena, die Sonne von Mykene, Isolde aus Irland als die neue Sonne entgegenzuführen. Beda, der *sol novus*, ging auf *ad illuminationem totius orbis*; Isolde, *die niuwe sunne* […] *sie erliuhtet elliu riche.*[27]

So einleuchtend Gottfrieds Übernahme des *sol novus*-Topos ist und so eindrücklich seine Verweiblichung und die Verschiebung auf Sachverhalte der Ästhetik, so ist der Rückgriff auf Notker Balbulus nicht zwingend, denn Irland war Gottfried von der Stoffgeschichte vorgegeben, Vergleiche der schönsten Frau mit der Sonne kannte vor Gottfried, wie bereits gezeigt, auch die deutsche Minnelyrik, der Rückgriff auf den antiken Mythos gehört als wiederkehrende Form außerbiblischer Typologie zu Gottfrieds Poetik. Die Sonne ist schließlich in der lateinischen Hymnik ebenso wie in der deutschen Mariendichtung breit eingesetztes Epitheton der Gottesmutter.[28] Für Morungens Lied und für Gottfrieds Isoldelob sind diese Traditionen einschlägig.[29] Die Verse 6,9 des Hoheliedes werden in der mariologischen Exegese auf die Gottesmutter bezogen:

> quae est ista quae progreditur quasi aurora consurgens | pulchra ut luna electa ut sol terribilis ut acies ordinata (Ct 6,9)
>
> Übersetzung: Wer ist die erfu̍r bricht/ wie die Morgenro̍te/ scho̍n wie der Mond/ auſerwelet wie die Sonne/ ſchrecklich wie die Heerſpitzen (*Biblia Germanica* 1945, Das Hohelied Salomo, cccxlix^r).

Von hier aus empfangen viele Apostrophierungen von Maria als Sonne ihre exegetische Grundlage. Dabei wird Maria als Mutter des wahren Lichtes Christus, als Lichtbringerin,

27 Ohly 1979, 128.

28 Vgl. Marienlexikon 6, 201–204 (Lechner), s. v. ‚Sonne'; vgl. auch Salzer (1886–1894) ²1967, 23, 79, 364, 391–399.

29 Vgl. zu den mariologischen Bezügen bei Morungen Kesting 1965; Kellner 2018, 79f.

Sphäre der Sonne bzw. *serene sole vero* als jene, welche die wahre Sonne in die Welt bringt, entsprechend adressiert. Die Verwendung der Sonnenmetapher kann dabei auf unbefleckte Empfängnis und Jungfrauengeburt bezogen werden, wie beispielsweise in folgender Ausführung aus dem *Alten Passional*:

die juncvrowe in gebar
ane wetagen leit
mit unverscharter kuscheit.
alsus das edle morgen rot
mit vreuden uns die sunnen bot,
do Maria gebar
der tugende liecht an vreuden clar,
die doch von der sunnen was
entphenget, e si sin genas.[30]

Übersetzung: Die Jungfrau gebar ihn ohne den Schmerz der Wehen mit unzerstörter Keuschheit. So wie das edle Morgenrot uns die Sonne voller Freude hervorbrachte als Maria gebar, das freudenhelle Licht der Tugend, war sie doch von der Sonne empfangen worden, ehe diese geboren ward.

Gängiges Marienepitheton ist die Sonne – wie die umfangreiche Belegsammlung Salzers zeigt – als Inbegriff ihrer Tugendschönheit. Endlos variiert die deutsche Mariendichtung Maria als *sunne clar, spilndiu sunne, sunnen schîn* und *sunnen glast*; entsprechende Belege finden sich in lateinischer Predigt und Hymnik.[31] Ebenso wie in Gottfrieds Isoldelob werden in den Marienliedern des Priesters Wernher die Wirkungen der Gottesmutter auf ihre Betrachter im Zeichen des obligatorischen Reimes *sunne* – *wunne* ausgeführt:

si levhtot als div sunne:
es waz ir aller wunne
daz si die schōnen vrowen
ane solten schouwen.[32]

Übersetzung: Sie leuchtete wie die Sonne, es war ihnen alle eine Freude, dass sie die schöne Dame anschauen durften.

In Tristans Preisrede scheinen alle diese Traditionen zu kulminieren, Traditionen, welche – wie der Durchgang durch die Sonnen-Motivik zeigt – ja auch vielfach aufeinander bezogen waren:

diu lûtere, diu liehte Îsolt,
diu ist lûter alse arâbesch golt.
des ich ie wænende was,
alse ich'z an den buochen las,

30 *Passional*, Buch I: Marienleben 2013, V. 1664–1672.

31 Salzer (1886–1894) ²1967, 391–399; Marienlexikon 6, 201–204 (Lechner), s. v. ‚Sonne'. Wolf konstatiert, es sei schwierig, in Isolde hier nicht eine „verkappte Maria" zu sehen; Wolf 1974, 101.

32 Priester Wernher 1969, V. 1803–1806.

diu von ir lobe geschriben sint,
Aurôren tohter unde ir kint,
Tyntarides diu mære,
daz an ir eine wære
aller wîbe schônheit
an einen bluomen geleit:
von dem wâne bin ich komen,
Îsôt hât mir den wân benomen.
ine geloube niemer mê,
daz sunne von Mycêne gê;
ganzlîchiu schœne ertagete nie
ze Criechenlant, si taget hie.
alle gedanke und alle man
die kapfen niuwan Îrlant an:
dâ nemen ir ougen wunne,
sehen, wie diu niuwe sunne
nâch ir morgenrôte,
Îsôt nâch Îsôte,
dâ her von Develîne
in elliu herze schîne!
diu liehte wunneclîche
si erliuhtet elliu rîche. (*Tristan*, V. 8261–8276)

Übersetzung: Die reine, die strahlende Isold ist rein wie arabisches Gold. Alles, was ich je glaubte aufgrund der Bücher, die ich las, in denen von Auroras Kind, ihrer berühmten Tochter Helena, preisend gesagt wird, daß in ihr allein alle Frauenschönheit in einer Blüte versammelt sei: von diesem Glauben bin ich abgekommen, Isold hat ihn mir ausgetrieben. Ich kann nie mehr glauben, daß die Sonne in Mykene aufgeht; die vollendete Schönheit trat nicht in Griechenland zutage, sie ist hier erschienen. Jedermann sollte in seinem Geist nur nach Irland blicken, um da seine Augenlust zu finden, um da zu sehen wie die neue Sonne nach dem Morgenrot, Isold nach Isold, von Dublin aus in alle Herzen strahlt! Die Leuchtend-Wunderbare erleuchtet alle Länder. (Haug)

Auch in Tristans Isoldelob sind mythische und christliche Allusionen verschränkt. Das Schönheitslob greift auf den antiken Mythos zurück im Vergleich der Isolde mit Helena, der schönsten Frau der alten Welt. Es ist gerade die Zusammenführung der christologischen Rede und der mythischen Anspielungen mit deutschsprachigen literarischen Traditionen und einer avancierten Poetik, welche Gottfrieds Isoldepreis so eindrücklich macht. Dabei wandelt Gottfried bei Bedarf auch den Mythos ab, denn Helena (*Tyntarides diu mære* – der Beiname Tyndaris bezieht sich auf Helenas Stiefvater)[33] ist in der Mythologie nicht Tochter Aurorens. Im *Tristan* wird Isolde-Mutter als Morgenröte apostrophiert – von hier aus, nicht vom Mythos her ist Tyndaris die Tochter Aurorens. Im geistlichen Register hingegen ist das Kind der als Morgenröte apostrophierten Maria Christus. Die gezielte Kontamination des Mythos speist wiederum sakrale Bildlichkeit ein, eine weitere Figur eklektischer Verschränkung, welche auf die Ausstattung Isoldes mit mythischen und

33 Vgl. Gottfried von Straßburg, *Tristan* Bd. 2 2011, 471.

christlich-sakralen Würden gleichermaßen zielt, ein Vorgehen, welches die mythische Macht der Liebe in eine sakrale Aura rückt. Tristans Isoldelob weist bemerkenswerterweise die Struktur einer *conversio* auf, einer Umkehr in fast buchstäblichem Sinne – von jener Sonne, die im Osten aufgeht, zur neuen, im Westen tagenden Sonne. Diese Umkehr ist mehrfach besetzt: Sie erfolgt vom Bücherwissen über wahre Schönheit hin zur Evidenz ihrer Erfahrung, gleichzeitig vom *wân*, den er nicht mehr zu glauben bereit ist, hin zur Wahrheit, von der alten Welt des Mythos hin zur Gegenwart. Was Tristan *ie wænende was,* verliert angesichts des Leuchtens von Isolde seine Gültigkeit: *von dem wâne bin ich komen.* Geschildert wird unter Verwendung einer *figura etymologica* der Erkenntnisprozess einer Desillusionierung, die freilich über die evidente Schönheit Isoldes vorangetrieben wird und für deren Beschreibung sich Gottfried ausgerechnet eines *terminus* bedient, der im Minnesang für das vergebliche illusorische Hoffen auf Liebeserfüllung steht. Isolde hat in Tristan nicht etwa den *wân* der illusorischen Hoffnung ausgelöst, sondern ihr Licht hat seine durch Bücher vermittelte Verblendung, Helena sei die schönste Frau gewesen, aufgeklärt. Isolde hat ihm diesen falschen Glauben genommen. Diese völlig übercodierte Rede zitiert ein religiöses Erweckungserlebnis ebenso wie den Abfall vom Glauben und geht doch in keiner der beiden Optionen auf. Diese Irritation von West und Ost, Glaubensabfall und Bekehrung, Mythos und Gegenwart lässt sich sicher nicht mehr so, wie Ohly dies wollte, auf eine monastische Panegyrik auf Klostergründer schlüssig zurückführen. Diese Konfusion weist auf die Unverrechenbarkeit vollkommener Schönheit mit Mythos und Sprache, die im hyperbolischen Gestus der Preisrede selbst schon angelegt ist. Tristans Sinneswandel von Bücherwissen zu evidenz- bzw. epiphaniebasierter Gewissheit nimmt gleichzeitig vorweg, dass die Liebe von Tristan und Isolde anders als in der Tradition des Stoffes immer auch eine Erkenntnisdimension haben wird. Nach der Einnahme des Trankes heißt es: *daz ietweder dem anderm was | durchlûter alse ein spiegelglas.* (V. 11 725–11 726; Übersetzung: daß jeder für den andern klar war wie Spiegelglas [Haug]).

Diese Erkenntnisdimension kam mit dem Minnetrank, Marke steht sie nicht zur Disposition. Als er der Schönheit Isoldes auf dem Kristallbett der Minnegrotte ansichtig wird, erlebt er im Wechselspiel von Leib und Sonne eine Epiphanie der Schönheit:

> zwô schœne hæten an der stunt
> ein spil gemachet under in zwein:
> dâ schein lieht unde lieht in ein.
> diu sunne und diu sunne
> die hæten eine wunne
> und eine hôhzît dar geleit
> Îsôte z'einer sælekeit:
> ir kinne, ir munt, ir varwe, ir lîch
> daz was sô rehte wunneclîch,
> sô lieplîch und sô muotsam,
> daz ir Marken gezam:
> in gelangete unde geluste,
> daz er si gerne kuste. (*Tristan*, V. 17 580–17 592)

Übersetzung: Schönheit kam in diesem Augenblick zweifach zu einem Spiel zusammen: Licht und Licht leuchteten ineinander. Die eine und die andere Sonne hatten ein Lustfest

> zur Verherrlichung Isolds veranstaltet: ihr Kinn, ihr Mund, ihre Gesichtsfarbe, ihre Haut, die waren so herrlich, so entzückend und so anmutig, daß Marke ganz davon eingenommen war: es drängte und lüstete ihn, sie zu küssen. (Haug)

Markes Begehren hat – anders als die Tristanminne – Merkmale der Verblendung, der Passus evoziert neben der wunderbaren strahlenden Schönheit Isoldes auch das wunderliche Phänomen der Nebensonnen, die den Menschen verwirren und oft als böse Zeichen gedeutet werden.[34] Bei Tristan dagegen ereignet sich anstelle des *wânes* mit der Evidenz der Schönheit Isoldes auch die Erkenntnis der Wahrheit.

Bei der Schilderung der Wirkungen des Isoldelobes auf die umstehenden Zuhörer im Roman fiel bereits die Analogie der Effekte tatsächlicher Schönheit und des abgeleiteten Schönheitspreises ins Auge. Dies wurde zunächst auf die typischen Selbstgratulationen des Minnesangs bezogen. Bei genauerer Lektüre zeigt sich dies aber bei Gottfried verknüpft mit einer Medienreflexion. Die ungewöhnliche Formulierung, dass demjenigen der *muot gesüezet* werde, der das *mære* von Isoldes Schönheit *rehte in sîn herze las* ist auffällig (V. 8306). Die Doppelbedeutung des deutschen Ausdrucks ‚lesen' im Sinne von ‚aufsammeln' einerseits (z. B. Weinlese) und ‚einen schriftlichen Text rezipieren' andererseits entspricht dem Bedeutungsspektrum des lateinischen *legere*. Die Stelle kann mithin als Bezug auf jene gesehen werden, die das Lob auf angemessene (*rehte*) Weise prüfend in ihr Herz ‚einsammeln'. Zugleich kann der Passus im Sinne eines konkreten Lektürevorgangs verstanden werden. In letzterem Falle überschritte das Verb *lesen* den im Text inszenierten mündlichen Vortrag Tristans hin auf eine Lektüre. Die entsprechende Doppelbedeutung von ‚legere' bzw. ‚lesen' wird oft beansprucht, so finden sich bei Hugo von St. Viktor die Metaphern vom Herzen als der Schatztruhe des Lesers und von der Buchseite als Weinberg oder Garten.[35] Im Zeichen der Schönheit sind bei Gottfried Frau und Text aufeinander bezogen. Wie Gold ist Isolde, ihre Glut läutert die Betrachter, so wie Tristans goldene Rede die Zuhörer läutert. Den Transfer der Schönheit vom Objekt auf die Rede nimmt auch Gottfrieds Text für sich in Anspruch. Das wird im mythopoetischen Bezug auf Helena von Mykene vollends manifest. Ich bringe die Stelle im Folgenden noch einmal:

> des ich ie wænende was,
> alse ich'z an den buochen las,
> diu von ir lobe geschriben sint,
> Aurôren tohter unde ir kint,
> Tyntarides diu mære,
> daz an ir eine wære
> aller wîbe schônheit
> an einen bluomen geleit:
> von dem wâne bin ich komen,
> Îsôt hât mir den wân benomen.
> ine geloube niemer mê,
> daz sunne von Mycêne gê;

34 HWBA 8, 65–67 (Stegemann), s. v. ‚Sonne'.
35 Illich 1991, 38–41, 58–60.

ganzlîchiu schœne ertagete nie
ze Criechenlant, si taget hie. (*Tristan*, V. 8263–8276)

Wo geht die neue Sonne auf? Der Passus arrangiert zunächst zwei Orte und zwei Sonnen, die alte Sonne von Mykene und die neue von Dublin. Bei genauerem Hinsehen jedoch gestaltet sich diese Typologie komplizierter: *ganzlîchiu schœne ertagete nie | ze Criechenlant, sie taget hie.* Im Aufführungskontext von Tristans Isoldepreis verweist dieses *hie* nicht unmittelbar auf Irland. Das Adverb kann im uneigentlichen Sinne auf Irland verweisen, kann aber auch – und dies ist der Regelfall – unmittelbar auf die Sprechsituation bezogen werden. Lokaladverbien bezeichnen Umstände des Raumes gemäß der lokalen Deixis, für welche die Raumvorstellungen des Vortragenden bzw. des Autors und der Zuhörenden bzw. der Lesenden in der jeweiligen Kommunikationssituation prägend sind.[36] Wo ist *hie*? Gemäß der inszenierten Situation befinden wir uns in Cornwall, wo sich allerdings Isolde, deren Schönheit *hie* erscheint, gerade nicht aufhält. Dann aber ereignet sich die Schönheit, das Erstrahlen der Sonne, in der Rede Tristans vor Cornwallisischem Publikum. In diesem *hie* wird der Übergang der Objektschönheit auf die Schönheit der Rede über sie besiegelt. Nun ist es dabei freilich unwahrscheinlich, dass Tristan in Cornwall für sein Isoldelob die deutsche Sprache benutzte. Worauf verweist dieses *hie* in einer deutschen Bearbeitung des Textes? Es weist über die inszenierte unmittelbare Sprechsituation hinaus. Wenn man sich den Vortrag von Gottfrieds Text vor deutschem höfischem Publikum vergegenwärtigt, wird die Referenz des Adverbs *hie* gänzlich vieldeutig. Das *hie* fällt in diesem Fall weder nach Irland noch nach Cornwall, sondern auf den Raum des sich ereignenden Vortrags und letztlich auf den literarischen Text zurück. Die Obstruktion der Ortsreferenz führt zur Referenz des *hie* auf den Text selbst, wo auch immer er sich ereignet. Im Medium der Schrift wird es vorrätig gehalten für jede Realisierung und Referenzialisierung im mündlichen Vortrag. In der stillen Lektüre ereignet sich jenes *hie* im Moment der Aktivierung der Schrift vor Ort. Mithin geht die Sonne nicht mehr in Griechenland auf, wo Helena lebte, auch nicht nur in Irland, wo Isolde leuchtet, nicht nur in Cornwall, wo Tristan Isolde lobt, sondern auch überall dort, wo Gottfrieds deutscher Text vorgetragen oder gelesen wird.[37] Bei der Beschreibung der Wirkung des Isoldelobs in Cornwall war von demjenigen die Rede, der das *mære rehte in sîn herze las*. Der Inszenierung von Tristans Isoldelob sind kalkulierte Referenzverschiebungen der Deiktik für die Wiedergebrauchsrede in der Vorlesesituation bereits eingeschrieben. In dieser Verschiebung der Deiktik ereignet sich der Kulturtransfer, wie dies analog schon in Morungens Transfer der Troubadourtraditionen auf das deutsche Land beobachtet werden konnte. Nun ist Helena, auch wenn die homerische *Illias* dem Mittelalter nicht bekannt war, Chiffre für einen epischen Stoff, für den Untergang Trojas aufgrund der verhängnisvollen Schönheit einer Frau. Somit transportiert das Lob der Schönsten eine Vorausdeutung auf das Ende der Erzählung.[38] Damit fällt die Überbietung der Schönheit und des Frauenpreises bei Gottfried auf die Epik zurück; es ereignet sich auch eine *translatio artium* von

36 Vgl. Klein 1978. Der schöne Titel des Beitrags, den ich hier aufgreife, lautet „Wo ist hier?"

37 Darin kann ein Seitenstück zu jenen „Reflexionen über das Lob" gesehen werden, die sich im Gattungszusammenhang des Preisgedichts seit 1200 ereignen; vgl. Georgi 1969, 158–169.

38 In diesem Sinne auch Möllenbrink 2020, 355f.

Griechenland auf die Gegenwart von Tristans Rede, von ihr aus auf Gottfrieds Roman und mit ihr der Anspruch auf die Überbietung der literarischen Traditionen der Antike in der Gegenwart der Erzählung.[39]

39 So bereits Wolf 1974, 109–112.

Vier

bettegelt – Anthropologie der Schauspieler

you have made your bed, now you lie in it.
Sprichwort

Wie man sich bettet, so lügt man.
Antisprichwort[1]

„owê mir, innecliche owê!"
Tristan, V. 13 881

In Marjodos Ebertraum bricht ein wüstes Tier in die Schlafkammer des Königs ein und besudelt das Bett.[2] Marjodo will den Traum Tristan erzählen, findet den Freund aber nicht in der Schlafkammer und macht sich auf die Suche. Er folgt den Spuren im frisch gefallenen Schnee, die ihn in Isoldes Kemenate führen. Auch wenn sich ihm ein Verhältnis Tristans und Isoldes der schlechten Beleuchtung wegen nicht mit letzter Sicherheit erschließt, so bietet ihm das, was er hört, doch Indizien für die Annahme des Ehebruchs.[3] Tristans Affäre mit der Königin wird sich als Deutung des Traumes erweisen, gewissermaßen als der latente Traumgedanke, welcher – nach Freud – das Kompakte und bis ins Extreme Abbrevierte des manifesten Trauminhalts in einer Erzählung ausfaltet.[4] Im Falle des Ebertraumes bedarf es keiner großen analytischen Arbeit, die Entschlüsselung ist vergleichsweise einfach: Tristan führt den Eber im Schild (V. 6614). Das Schildzeichen stiftet den manifesten Trauminhalt, das den Träumen moderner Traumanalyse eignende Unberechenbare ist hier durch die Allegorie gebändigt: Der wütende Eber in der Kemenate des Königs ist der Ehebrecher Tristan. Die Deutung des Traumes muss bei Gottfried nicht erzählt werden, erzählt wird hingegen die verzögerte und permanent aufgeschobene Bestätigung seiner Wahrheit durch Beweise. Auch wenn die Evidenz fehlt, ist von nun an der Verdacht in der Welt. Marjodo wollte den Traum zunächst Tristan erzählen, unterlässt es nach seiner Entdeckung der Affäre aber. Nur ihm und den Rezipienten und Rezipientinnen der Erzählung ist er bekannt. Während bei Gottfried mit Marjodos Traum der Verdacht in die Welt kommt, kursiert bei Eilhart das vom Neid der Barone initiierte Ge-

---

1 Das Antisprichwort bringt auch eine geheime Pointe der englischen Entsprechung ans Licht. Es findet sich in verschiedenen Zusammenhängen, bei Erich Mühsam, als deutsche Übersetzung des Titels einer Erzählung von Charles Bukowski und in populärwissenschaftlichen Schriften.

2 Vgl. *Tristan*, V. 13 511ff.; zur Ebersymbolik Speckenbach 1975; Wessel 1984, 238–246.

3 Die Frage, was Marjodo eigentlich hört, behandelt im Rahmen einer vergleichenden Untersuchung zu Schweigen und Lieben Trînca 2011.

4 Vgl. Freud (1900) 1972, 280–284.

rücht bereits unabhängig vom Traum,[5] und in der *Tristrams Saga* findet sich das Gerücht über die Affäre bereits vor dem Ebertraum des Moriadokk:

> Tristram unni Ísondu óskiptiliga ok hun hanum jafntryggiliga, hvárttveggja jafnlistiliga ok viðrkvæmiliga; svá var mikill kraptr ástar þeirrar, sem þau hefði bæði einn hug ok hjarta, allt til þess at orð kom á ok aðrir undruðu; en þó var enginn sá er þat vissi með sannindum, útan slíkt var talat með grunsemdum. (*Tristrams Saga,* cap. LI, 27–31)

> Übersetzung: Tristram liebte Isond unveränderlich und sie ihn mit gleicher treue; beide in gleich anmuthiger und ziemlicher weise; so gross war die gewalt ihrer liebe, als ob sie beide ein herz und eine seele hätten, so lange bis darüber gesprochen wurde und es anderen auffiel; aber doch gab es niemanden, der es mit bestimmtheit wusste, sondern es wurde nur gerüchtweise darüber geredet. (Kölbing)[6]

Im *Sir Tristrem* erhebt sich Meriadok vom Bett, ohne dass wir wüssten, warum; hier fehlt der Traum.[7] Kann in der *Saga* das vorab kursierende Gerücht als der Tagesrest gelten, von dem er seinen Ausgang nimmt, so ist bei Gottfried der Traum gänzlich unvermittelt da und Auslöser des Verdachtsgeschehens. Ausdrücklich wird sogar betont, niemand habe das Paar zuvor beargwöhnt. Mit dem Ebertraum scheint auf den ersten Blick eine Wertung der Tristan-Liebe ausformuliert: Tristan benimmt sich wie das sprichwörtliche Schwein.[8] Der rasende Zorn des Ebers zeigt zudem die Gefahr für die Königsherrschaft und den Hof an. Dass es sich dabei nicht um das letzte Wort des Romans handelt, versteht sich angesichts der in völlig andere Richtungen weisenden minnedidaktischen Ausführungen Gottfrieds von selbst.[9] Tristan wird an anderer Stelle Marjodo und Melot als verwünschte Werkzeuge des Teufels beschimpfen:

> [...] uns gânt zwên eiterslangen
> in tûben bilde, in süezem site
> smeichende alle stunde mite:
> vor den habet iuwer sinne,
> sæligiu küniginne!
> wan swâ die hûsgenôze sint
> g'antlützet alse der tûben kint
> und alse des slangen kint gezagel,
> dâ sol man criuzen vür den hagel
> und segenen vür den gæhen tôt. (*Tristan*, V. 15 088–15 097)

> Übersetzung: [...] wir haben zwei Giftschlangen, die sich als Tauben geben, süß schmeichelnd die ganze Zeit an unserer Seite: nehmt Euch vor denen in acht, edle Königin! Denn wenn man Hausgenossen hat, die im Gesicht wie Taubenjunge aussehen, aber geschwänzt

5 Eilhart von Oberg 1969, 17a–18a, 17c–18c, 17d–18d.

6 *Tristrams Saga*, 163.

7 *Sir Tristrem*, CLXXVIII, 1948–1958 (Übersetzung: S. 54).

8 Vgl. Herger / Spervogel MF 29,27: *Swel man ein guot wîp hât | unde zeiner ander gât, | der bezeichent daz swîn.*

9 Anders Petrus W. Tax, der hier die Perspektive des Erzählers auf Tristans „geschlechtliche Liebe“ sieht; Tax ²1971, 83–85.

> sind wie die Schlangenbrut, da soll man das Kreuz schlagen vor solchem Hagelwetter und ein Bittgebet sprechen wider den plötzlichen Tod. (Haug)

Und es ist diese Perspektive, in die der Erzähler bestätigend einstimmt:

> si beide wâren ouch alsô:
> jener slange, dirre hunt;
> wan si leiten z'aller stunt
> den gelieben zwein ir vâre,
> an allem ir gebâre,
> an iegelîchem gange
> als hunt unde slange. (*Tristan*, V. 15 102–15 108)
>
> Übersetzung: Und das waren sie auch beide, jener eine Schlange und dieser ein Hund; denn sie lauerten den beiden Liebenden die ganze Zeit auf, bei jeder ihrer Gesten und bei jedem Gang, wie Hund und Schlange. (Haug)

Gerade diejenigen, die der Wahrheit auf der Spur sind und dem König zu Hilfe kommen ihrer endlich inne zu werden, erfahren vom Erzähler des Romans eine drastische Abwertung.[10] Auch der Traum des Truchsessen erscheint bei genauerem Hinsehen parteiisch. Marjodo habe die Königin geliebt, lässt uns Gottfried wissen, und er sei davon ausgegangen, dass Tristan ihm, dem Freund, vorbehaltlos alle Geheimnisse anvertraue.[11] Sein Traum nimmt mithin aus seiner Perspektive den doppelten Verrat Tristans vorweg. Marjodo wird Marke nicht den Traum berichten und nicht seine Verfolgung der Spuren des nächtlichen Abenteuers. Stattdessen wird bei Gottfried Marjodo selbst zum Ursprung des Gerüchts, indem er Marke gegenüber – ohne dass dies der Fall wäre – behauptet, ein solches zirkuliere bei Hof. Eine Operation, die dem Handbuch der Intrige entnommen ist. In der *Tristrams Saga* nutzte der Höfling noch das kursierende Gerücht, um in die Nähe des Königs zu kommen, bei Gottfried gibt er vor, ein Gerücht kursiere bei Hofe – womit er in einem performativen Sprechakt genau das, was er aussagt, hervorbringt. Es zeigt sich, dass der Ursprung des Gerüchts, das Tristan und Isolde unter Dauerverdacht stellt, bei Gottfried mit einem komplexen Traum-, Affekt- und Intrigengeschehen verknüpft ist.[12] Gottfried hat, indem er dem Traum kein Gerücht voransetzte, die subjektive Dimension des Verdachts gegenüber der Stofftradition betont. Das Faktum des Rechtsbruchs gerät damit ein Stück weit in den Hintergrund, ja es wird mit Blick auf das innere Affektgeschehen Marjodos relativiert, indem es als perspektivengebundener Bewusstseinsinhalt thematisiert wird.

Vor diesem Hintergrund ist weniger nach der Deutung des Ebertraums zu fragen: Für sie bedarf es nur eines winzigen Schritts aus dem manifesten Trauminhalt heraus. Schwieriger ist es, die Funktion dieses Traums für die Erzählung zu bestimmen. Warum müssen

10 Vgl. Kolb 1977, 238; P. Kern 1988, 216; Hübner 2003, 328–330; Gerok-Reiter 2002, 374–375.

11 Vgl. zur Eifersucht Zimmermann 2020, 15–19; zum Freundschaftsdiskurs Seeber 2007, 268f., 277.

12 Hugo Bekker hat daraus die Konsequenz gezogen, dass Tristan nicht mit dem Traum gemeint sein kann, sondern dass Marjodo selbst der Eber ist: „Marjodoc's dream has nothing to do with Tristan; it is [...] Marjodoc's"; Bekker 1987, 201.

die Rezipienten und Rezipientinnen Marjodos Traum erfahren und niemand sonst? Geht es nur darum, dass man fortan weiß, warum der Freund Tristans zu seinem Gegenspieler wurde? Was leistet der Traum über die Motivierung von Marjodos Erwachen und des sich anschließenden Verdachts hinaus?

Entscheidend ist, wie Christoph Huber festhält, dass mit dem Eber der Ehebruch aus der Hofperspektive ins Bild gefasst wird.[13] Mit dem wilden Tier bricht die Wertperspektive der Anderen in die Welt der Liebenden ein, zu der nicht allein Tristan und Isolde gehören, sondern auch die ihnen konspiratorisch zugeordneten *edelen herzen*, die empathischen Rezipientinnen und Rezipienten. Mit dem Eber kommt es zur „Aufspaltung der Perspektive",[14] mit ihm gibt es überhaupt erst die Perspektive der Anderen. Von nun an vollzieht sich das Erzählen als permanentes Prozessieren einer Doppelperspektive auf das Geschehen. Die innere Wahrheit der Liebe des Paares, mit welcher der Erzähler fraternisiert, wird fortan mit der anderen Wahrheit der Außenwelt, des Hofes, konfrontiert. Scharnierstelle beider Perspektiven ist der Verdacht. Für die Außenwelt ist der aus der Innenperspektive positiv besetzte Sachverhalt ein Verbrechen.[15] Wo diese Perspektive in Gottfrieds Darstellung erstmals geöffnet wird, erscheint dies durch enttäuschte Liebesgefühle Marjodos gegenüber Isolde und die Ressentiments gegen den untreuen Freund Tristan ausgelöst, wodurch sie durch niedere Effekte kompromittiert erscheint. Relativiert wird diese Wertperspektive zudem dadurch, dass der vom Erzähler und den von ihm anvisierten Rezipienten und Rezipientinnen unterstützten inneren Wahrheit des Paares so enorme Geltung verschafft wird.[16] Juristische und moraltheologische Verdikte erfahren im Spiel der Perspektiven immer wieder eine Marginalisierung.

Seit dem Ebertraum Marjodos und Markes Verdacht entfaltet sich das Spiel der beiden Perspektiven als Serie ihrer Konfrontationen. Und diese agonale Serie beginnt mit den Bettgesprächen zwischen Isolde und Marke. Eine Serie von vier Bettgesprächen existiert im Stoffzusammenhang der Tristan-Erzählungen nur bei Gottfried und nur bei ihm bilden sie eine Abfolge von zwei Repliken. Der *Sir Tristrem* kennt zwei Bettgespräche: Ysonde repliziert in der zweiten Nacht Marks List der vorgetäuschten Absicht einer Pilgerreise und geht als Siegerin aus dem Geschehen hervor. Mark ist zufrieden und wird im Folgenden erneut von Meriadok angestachelt, eine Trennung der Liebenden zu veranlassen, um deren Auswirkungen auf Frau und Neffen zu beobachten.[17] In der *Saga* schließt sich an die beiden Bettgespräche, die in der Ausführlichkeit mit denen bei Gottfried vergleichbar sind, ein weiteres Gespräch an, das nicht im Bett stattfindet. Mark erkennt hier erneut die Affektion Isonds für Tristram und beschließt voller Zorn die Trennung der Liebenden.[18]

13 Vgl. Huber 2013, 100.

14 Zu diesem Erzählverfahren Wenzel, Negation 1988, 236; zur Perspektivenvervielfältigung bei Gottfried vgl. auch Köbele 2002, 98.

15 Dies ist einer der Kernpunkte der narratologischen *Tristan*-Untersuchung von Hübner 2003.

16 Dass das vom Erzähler in Sympathie und Antipathie gelenkte Publikum bei Gottfried „Partei" sei, betont Christ 1997, 80; erzähltheoretisch differenziert wird solche Sympathiesteuerung entfaltet bei Hübner 2003. Huber hat im Rückgriff auf eine Theorie der Empathie gezeigt, wie Gottfried eine ganz eigene Wertsetzungspolitik betreibe; Huber 2014, bes. 288.

17 *Sir Tristrem*, CLXXXIV.

18 *Tristrams Saga*, cap. LII–LIV.

Erst Gottfried strukturiert also die Szenenfolge zur Serie von vier Bettgesprächen. Isolde kann bei ihm zuletzt Markes Verdacht zerstreuen und damit auch seinen ‚Souffleur' Marjodo ins Unrecht setzen. Die Trennung der Liebenden wird dann vom Zwerg Melot veranlasst, zu dem Marjodo seine Zuflucht nimmt, nachdem er selbst bei Marke in Ungnade gefallen ist.

In aller Kürze stellen sich die Gespräche bei Gottfried wie folgt dar: Im ersten Gespräch gibt Marke listig vor, eine Pilgerfahrt zu planen, und auf seine Frage, wer während seiner Abwesenheit Isolde beaufsichtigen solle, nennt die Naive sogleich Tristan. Markes so geweckten Verdacht kann Isolde, instruiert von Brangäne, in einem zweiten Bettgespräch entkräften, indem sie Marke glaubhaft ihre Abneigung gegen seinen Neffen versichert. In einem dritten *pillow-talk* bietet Marke Isolde an, den verhassten Neffen vom Hof zu entfernen. An Isoldes diplomatischen Argumenten gegen diese Maßnahme erkennt der König erneut ihre Affektion (dies entspricht dem dritten Gespräch der *Saga*, welches nicht im Rahmen der Intimität des ehelichen Beilagers stattfindet). In einer vierten Nacht gelingt Isolde wieder die Zerstreuung von Markes Verdacht, indem sie selbst ihn darum bittet, Tristan vom Hofe zu entfernen. Soweit ließe sich die Abfolge des Geschehens darlegen, reduzierte man die Gespräche auf deren propositionale Gehalte.

An Versuchen, die Abfolge zu gliedern und zu strukturieren, hat es nicht gefehlt.[19] Deutlich ist die Replikstruktur: Auf die initiale List Markes antwortet Isolde mit einer Gegenlist. Marke setzt mit einer neuen List an, auf welche Isolde repliziert. Hermann Bausinger hat in seinen Versuchen der Typologisierung des Schwankes solche Replikstrukturen klassifiziert. Strukturell betrachtet entspräche der Ablauf dem von ihm postulierten Ausgleichstyp in gedoppelter Abfolge. Bei diesem Typ vollzieht ein Akteur eine Handlung, die ihn in eine superiore Position zu seinem Gegenspieler bringt.[20] Der Gegenspieler veranlasst durch eine Handlung seinerseits die eigene Superiorität und setzt den Anderen in eine inferiore Position. In der *Tristan*-Forschung wurde diese Replikstruktur in dichter Paraphrase durch die Ausführung weiterer Muster, Parallelen und Unterschiede differenziert. Dabei wurde „die strenge, symmetrische Systematik der vierfachen *wortlâge*"[21] mit ihren Gleichförmigkeiten und Reziprozitäten erschlossen. Nach dem ersten Bettgespräch erhalten Marke und Isolde Rat von Marjodo und Brangäne. Nach der zweiten Nacht holt sich Marke Rat bei Marjodo, Isolde informiert Brangäne nicht. Nach dem dritten Gespräch informiert Marke nicht Marjodo, während sich Isolde Rat holt. Nach dem vierten Gespräch werden weder Brangäne noch Marjodo informiert. Im Wechsel bringt Isolde objektive oder subjektive Gründe gegen Tristan vor, im Wechsel werden Fallen gestellt, im Wechsel eröffnen Mann oder Frau das Bettgespräch mit Liebkosungen.[22] Nach der Lektüre solcher Gliederungen stellt sich mit dem Gefühl ihrer Nachvollziehbarkeit eine Unzufriedenheit darüber ein, dass man damit dem Sinn dieser Episode um keinen Schritt nähergekommen ist. Insbesondere dann, wenn der von Hugo Bekker konstatierten „dreary monotony" der

19 Vgl. Christ 1977, 69–77; Lanz-Hubmann 1989, 84–90 (mittels einer im Einzelnen nicht mehr nachvollziehbaren Inflation der Spiegelmetapher); Bekker 1987, 204–206; Tax ^{2}1971, 87.

20 Vgl. Bausinger 1967.

21 Christ 1977, 74.

22 Ebd., 74f.

„going ons“[23] ein subjektiver Eindruck der Komik beim Lesen der Szene widerspricht. Diese Komik ist schwer fassbar, sie hat nichts mit der Valorisierung der Akteure im Verlaufsschema des Schwanks zu tun, auf die Bausinger hinweist: Die Gegenspieler werden unterschiedlich besetzt, der Verständige operiert gegen den Dummen *et vice versa*, wodurch die Replikdynamik semantisiert wird.[24] Liegt die Funktion der Bettgespräche hier im Sieg des Guten über das Böse? Der Frau über den Mann? Der lauteren Tristanliebe über das Gesetz? Isolde und Marke erscheinen abwechselnd naiv und gewitzt. Auch ein Triumph der wahren Liebe scheint sich hier nicht zu vollziehen. Vergleicht man den Passus mit den von Thomas abhängigen Bearbeitungen, zeigt sich die strukturierende Umarbeitung bei Gottfried – aber zu welchem Zweck und Ende?

Soweit ich sehe, hat nur Ludger Lieb hier eine Interpretation angeboten. Er ordnet die Szenenfolge im Rahmen einer umfassenderen Strukturuntersuchung ein und identifiziert in den Bettgesprächen einen Lernprozess der Isolde, die dabei erst vollumfänglich zur Ehebrecherin werde. Lieb sieht in dieser Funktion die Kontrafaktur der Räuberepisoden in Hartmanns *Erec,* in denen Enite ihre ultimative *triuwe* bewährt.[25] Freilich wird diese unsentimentale *education* einer Ehebrecherin mittels eines Erzählmusters dargestellt, welches gerade nicht im *Erec* angelegt, sondern eher aus dem Schwank vertraut ist. Auf die Darstellung eines Lernprozesses allein scheint sich mir Gottfrieds Umbau des Stoffes nicht zu beschränken und die Komik der Szenen erschließt sich auch nicht in der Parodie und Inversion von Enites *triuwe.*

Der komische Eindruck, den die Bettgespräche vermitteln, hängt mit der Abgründigkeit der Reden selbst zusammen. Die Insuffizienz einer strukturalistischen Analyse für die Freilegung von Lachanlässen ist ein bekanntes Problem der Komiktheorie. Der komische Effekt liegt nicht nur in der Struktur und ist auch durch die Analyse der Struktur von Texten nicht zufriedenstellend zu ermitteln. Dazu bedarf es des jeweiligen historischen und kulturellen Kontextes, denn Komik ist bezogen auf Normen und Semantiken, die historisch und kulturell variieren.[26] Im Falle der Bettgespräche zwischen Isolde und Marke erschließt sich die Komik der Episoden mit Blick auf den höfischen Kontext und eine die höfische Interaktion konstituierende Praxis der *dissimulatio* – der Verstellung und Beobachtung der Anderen, der Beförderung des schönen Scheins, einer *dissimulatio,* der aber andererseits eine unbestechliche Diagnostik entspricht, die den verborgenen Intentionen

23 Bekker 1987, 204. Dass die episodische Struktur des Romans und insbesondere der Wechsel von Verdacht und Vertrauen bei Marke psychologische Plausibilitätsdefizite erzeuge, wird ausgeführt bei Möllenbrink 2020, 141f.

24 Bausinger 1967, 130.

25 Vgl. Lieb 2009, 207.

26 In den Literaturvorlesungen, die Vladimir Nabokov vor US-amerikanischen Studierenden hielt, behandelt er unter dem Titel „Grausamkeit und Mystifikation“ eindrücklich durch Grausamkeit evozierte Komik im *Don Quijote*, die völlig konträr zu modernen Vorstellungen humaner Heiterkeit ist; Nabokov 1991, 94–102. Zur Problematik der Historizität von Lachanlässen vgl. Steinmetz 1999; Seeber 2010, 9–34, 265–268; Kipf 2013. Vgl. auch HWBPhil. 4 1976, 889–893 (Preisendanz), s. v. ‚Komische (das), Lachen (das)‘. Am Beispiel des *Frauendienstes* Ulrichs von Liechtenstein arbeitet Müller die Abhängigkeit literarischer Inszenierungen des Lachens von kulturellen Kontexten heraus; vgl. Müller 1984.

des Gegenübers gilt.[27] Wie sehr diese Interaktionsform aus den Appellen höfischen Auftretens hervorging und dass sie nicht erst in der frühen Neuzeit, wie die ältere Forschung annahm, sondern bereits im Mittelalter Praxis und Gegenstand von literarischen Auseinandersetzungen war, hat eindrücklich Rüdiger Schnell in seinen Arbeiten zur Hofkritik gezeigt:

> Höfisches Auftreten (*curialitas*) konnte sich als listige Verstellung erweisen, die gefährlich werden konnte. Dies forderte entsprechende Vorsichtsmaßnahmen. Dadurch aber wurde eine Kettenreaktion ausgelöst: Aus der Befürchtung heraus, dass die *curialitas* des Anderen geheuchelt war – also die freundliche Aufnahme keineswegs eine freundliche Gesinnung einschloss –, musste eine Person diesem höfischen Verhalten misstrauen und doch gleichzeitig so tun, als vertraue sie der Geste des Anderen. Dieser Andere aber musste damit rechnen, dass die von ihm höfisch aufgenommene Person eine Geste nur nach Außen hin als aufrichtiges Entgegenkommen interpretierte, ihm aber in Wirklichkeit weiterhin eine feindselige Haltung unterstellte.[28]

Die Absichten der anderen sind zu durchschauen und die eigenen zu verbergen. Ziel dieser Schulung von Beobachtung und Koordination des eigenen Ausdrucks ist in der höfischen Welt die Nähe zum Herrscher, der ihr Zentrum bildet.[29] In den Bettgesprächen bei Gottfried erreicht nun diese Praxis das Zentrum der Macht selbst. Der König verbirgt seine Absichten und sucht jene seiner Frau zu ergründen, die ihrerseits den eigenen Ausdruck an den insgeheim ausgemachten Absichten ihres Mannes ausrichtet. Die von Schnell mit Blick auf die historische Dynamik einer Verhaltenskultur bei Hofe dargestellte „Kettenreaktion" nun bildet in den Bettgesprächen genau jene vertikale Dimension der Steigerung, die durch die Replikstruktur nicht abgebildet ist. Und in diesem Bezug auf die kulturelle Praxis höfischer *dissimulatio* gründet auch die Komik der Bettgespräche, denn adressiert wird die historische Lachgemeinschaft davon besonders betroffener Individuen.[30] Diese, sich nicht im Syntagma der Handlungsabfolge, sondern im Paradigma der Szenen erschließende Dimension exponiert, wie Warning für solche Weisen des Erzählens zeigte, Kontingenz.[31] Was bei Warning für die Ebene des Erzählens beschrieben wird, ist bei Gottfried auch auf der Ebene des Erzählten thematisch: Im Falle der *dissimulatio* handelt es sich dabei um die paradoxe Unberechenbarkeit, die Resultat aller berechnenden Versuche ist, die eigenen Anliegen mittels konsequenter *dissimulatio* voranzubringen.

Im ersten Bettgespräch erfolgt nicht eine Mitteilung der geplanten Pilgerfahrt, sondern die Vorspiegelung ihrer tatsächlich gar nicht vorhandenen Absicht, die sich als Mitteilung tarnt. Marke vollzieht eine List und damit etwas, was man mit Luhmann als Beobachtung

---

27 Vgl. zur neuzeitlichen philosophischen Reflexion des Phänomens HWBPhil. 11 2001, 938–942 (Košenina), s. v. ‚Verstellung'. Dass die Affinität der höfischen Literatur zu Listmotiven auch in dieser kulturellen Einbettung begründet sei, betont Semmler 1991.

28 Schnell 2011, 108; vgl. auch Müller 2007, 305–311, welcher die *dissimulatio* im Rahmen einer Untersuchung der Paradoxien höfischer Öffentlichkeit betrachtet.

29 Vgl. Schnell 2011, bes. 105–109; vgl. Kolb 1977 und die Beiträge in Butz u. a. (Hg.) 2004.

30 Dass Gottfrieds Darstellung in „einem Leben inmitten der Gesellschaft, einem ständig auf Lauer liegenden, angespannt beobachtenden Auge und Ohr" wurzele, betont bereits Nickel 1927, 38. Zu historischen Lachgemeinschaften vgl. Röcke, Velten 2005, XVII–XXI.

31 Vgl. Warning 2001.

zweiter Ordnung fassen kann. Denn er beobachtet hier nicht seine Umwelt, sondern er beobachtet, wie seine Umwelt, Isolde, das System beobachtet, nämlich ihn selbst und seine dissimulierten Sprechakte.[32] Dieser Vorgang ist durch den Tatbestand teilnehmender, buchstäblich ‚eingebetteter' Beobachtung verkompliziert – denn Marke muss gerade in einer Situation der Intimität, ja der Hingabe, den beobachtenden Vorbehalt gegenüber seiner Frau aufrechterhalten:

> Eines nahtes, dô er bî ir lac
> und si zwei triben under in
> ir wehselrede her unde hin,
> er rihtete unde leite
> mit einer kündekeite
> einen stric der küniginne
> und vienc si ouch dar inne. (*Tristan*, V. 13 676–13 682)
>
> Übersetzung: Eines Nachts, als er bei ihr lag und das Gespräch zwischen ihnen hin und her ging, legte er für die Königin hinterlistig einen Fallstrick aus und fing sie auch darin. (Haug)

Brangäne klärt daraufhin Isolde über den ihr entgangenen Tatbestand der vermittelten Rede Markes auf und legt mit den Absichten dahinter auch das Beobachtungsszenario frei. An diesen erschlossenen verborgenen Absichten Markes richten Brangäne und Isolde nun die Kommunikationsstrategie für das zweite Bettgespräch aus. Isolde wird darin vorgeben, Markes Mitteilung für einen Scherz gehalten zu haben. Da sie dies nun durchschaut habe und um die Authentizität der geäußerten Absicht, auf eine Bußfahrt zu gehen, wisse, erschließe sich ihr der Ernst der Lage. Marke ist sogleich geblendet von Isoldes Hingabe zeigendem Ausdruck der Trauer und Verzweiflung über den bevorstehenden Abschied. Das zweite Bettgespräch belässt es nicht bei dieser Steigerung der Ausgangssituation. Isolde führt nun begründend die höfische Praxis der *dissimulatio* selbst an, um Markes Verdacht zu zerstreuen. Tatsächlich hasse sie Tristan, den Mörder ihres Oheims, der aus Furcht vor Isoldes Zorn ihr gegenüber Freundlichkeit heuchle. Und sie verstelle sich selbst wiederum nur aus Rücksicht auf Marke und den Hof, indem sie ihm Freundlichkeit vorspiegele.[33] Hinter der höfischen Fassade leide sie aber unermesslich. Durch Tränen verleiht Isolde diesem Leiden Ausdruck und verbindet dies mit einer Klage über ihre Verlassenheit in der Fremde, mit der sie durch Markes Abschied konfrontiert sei. Den Fauxpas der naiven Replik im ersten Bettgespräch räumt Isolde damit nicht nur durch geheuchelte Zuneigung und falsches Weinen aus, sondern eben auch durch eine geradezu soziologisch anmutende Analyse der eigenen Verstellung vor dem Hintergrund einer höfischen Praxis der Täuschung. Solche völlig übersteigerte *dissimulatio* – gewissermaßen

32 Dies bedeutet auch, dass Marke, zumindest solange er beobachtet, *wie* er beobachtet, die Illusion eines unmittelbaren Umweltkontakts aufgeben muss; vgl. Luhmann Bd. 1 1998, 93. Bedingungen für eine solche Form der Beobachtung, welche die Liebe unterbricht, sind in Gottfrieds Erzählung *zwîvel* und *arcwân* – Wörter, die bei Gottfried Markes leidvolle Beobachtungsposition anzeigen.

33 Das gedoppelte Spiel von Schein und Sein betont Christ in seiner Untersuchung der Episode unter rhetorischen Gesichtspunkten; vgl. Christ 1977, 71.

eine *dissimulatio* im Quadrat – verkennt Marke als unmittelbaren Ausdruck der Liebe seiner Frau zu ihm. Was sich vom Syntagma der Erzählung her als einfache Replik einer List gestaltet, erweist sich von ihrem Paradigma her – der Reflexion der *dissimulatio* – als Steigerung und Hyperbolik. Nicht im Erfolg der List, sondern in der Ausfaltung des Themas in immer weitere Beobachtungsebenen liegt die Komik der Szene. Das dritte und vierte Bettgespräch steigern diese Komik weiterhin, und zwar nicht nur durch Wiederholung, sondern durch die Ausweitung der Auseinandersetzung zur Staatsaktion. Als Marke listig vorschlägt, Tristan zu entfernen, argumentiert Isolde diplomatisch und mit der Würde der im Interesse des Staatswohls Entsagenden:

„Genâde hêrre“, sprach Îsôt,
„ir redet getriulîche unde wol;
sît ich an iu nu wizzen sol,
daz ir daz gerne unmæret,
daz mînem herzen swæret,
sô dunket ouch mich reht dâ bî,
swaz iuwern ougen senfte sî
und iuwerm muote lîche,
daz ich dar an entwîche,
sô ich verreste müge;
und swaz iu z'iuwern êren tüge,
daz ich dâ spâte unde vruo
rât unde helfe biete zuo.
und seht ir, hêrre, waz ir tuot:
ez'n wirt mîn rât noch mîn muot
weder hiute noch niemer,
daz ir iuwern neven iemer
von iuwerm hove gekêret,
wan sô wære ich g'unêret:
dâ mite sô seite man zehant
über hof und über lant,
ich hæte iu gerâten daz
durch die schulde und durch den haz,
daz er mînen œheim sluoc.
dâ würde rede von genuoc,
diu mir lasterbære
und iu kein êre wære.
ine gevolge des niemer,
daz ir durch mich iemer
iuwer vriunt g'unmæret
oder ieman beswæret
und hazzet durch den willen mîn,
dem ir genædic sület sîn. (*Tristan*, V. 14066–14098)

Übersetzung: „Danke, Herr“, sagte Isold, „Ihr sprecht fürsorglich und wohlüberlegt. Da ich von Euch nun weiß, daß Ihr dem gerne abhold sein möchtet, was mein Herz bedrückt, so scheint es mir nur recht zu sein, daß ich meinerseits Rücksicht nehme auf das, was Ihr

> gerne vor Augen habt und Euer Herz erfreut, soweit ich das immer kann, und daß ich alles, was Eurer Ehre dienlich ist, von früh bis spät mit Rat und Tat fördere. So bedenkt denn, Herr, was Ihr tut: ich kann Euch weder raten noch empfehlen, heute nicht und zu keiner Zeit, Euren Neffen jemals von Eurem Hof zu weisen, denn das wäre meiner Ehre abträglich: man würde in dem Fall sogleich am Hof und im Land herumerzählen, daß ich Euch das geraten hätte als Vergeltung und aus Haß, weil er meinen Onkel getötet hat. Das gäbe ein großes Gerede, das für mich schimpflich wäre und Euch keine Ehre brächte. Ich kann niemals damit einverstanden sein, daß Ihr um meinetwillen Euren Freund herabwürdigt oder irgend jemanden meinetwegen abschätzig oder feindselig behandelt, der auf Eure Gunst Anspruch hat. (Haug)

Die Kemenate des Königs bildet gewissermaßen die Rückseite des Palas,[34] in dem in fürstlicher Beratung Beschlüsse vorangetrieben und letztlich gültig verkündet werden. In der Kemenate dagegen werden – so inszeniert es zumindest die höfische Literatur des Mittelalters – Handlungen und Alternativen dazu erprobend durchgespielt, ehe etwas davon öffentlich verlautbart wird.[35] Hierher gehören in den Dichtungen auch die Kalkulationen emotionaler Folgelasten von Entscheidungen. Dass Fragen der Liebe und ihrer Konsequenzen für die Öffentlichkeit dabei besonders prominent behandelt werden, ist Spezifikum einer Dichtung, die sich in besonderer Weise der Kultur höfischer Liebe verschrieben hat. Im Kemenatengespräch von Mann und Frau bietet die Dichtung auch Gelegenheit, die Konstitution und das Prozessieren von Geschlechterrollen zu beobachten.[36] Und auch hier begegnet im dritten Bettgespräch ein eigentümlich paradoxer Diskurs: Isoldes Ermächtigungsstrategie, die darauf zielt, Marke zu bewegen, seinen Nebenbuhler nicht zu entfernen, artikuliert sich in vorgeblicher Subordination der Frau unter den Herrscher. Nie würde sie die Entscheidungen ihres Mannes dominieren, vielmehr jederzeit im Interesse seiner Ehre von eigenen Bedürfnissen und Befindlichkeiten absehen. Dass Isolde damit die Durchsetzung einer Situation zu betreiben sucht, in welcher der Ehebruch am König auf Dauer gestellt wird, erscheint somit geradezu als performativer Widerspruch. Die vorgebliche Subordination der Frau erscheint als auf den König zielende Entmachtungsstrategie. Schließlich argumentiert Isolde als Königin: Die Abwesenheit Tristans hinterließe das Reich im Falle eines Angriffs von Außen schutzlos, die Entfernung des Neffen wäre deshalb nicht zu rechtfertigen. Dass dabei der Destabilisierung der Herrschaft von Innen das Wort geredet wird, ist die paradoxe Pointe der von Gottfried entworfenen rabulistischen Rhetorik Isoldes. Sie gipfelt im Rat, Tristan während der Abwesenheit des Königs in alle seine Rechte einzusetzen.

Ihre vorgebliche Absicht, Schaden vom Hofe abzuwenden, durchschaut Marke sogleich als maskiertes Begehren nach der Nähe des Liebhabers. Gottfried braucht nur fünf Verse, um den gesamten virtuosen rhetorischen Aufwand der Königin vor dem verdächtigenden Blick des Ehemannes wie ein Kartenhaus zusammenfallen zu lassen.

Diese Unerbittlichkeit des Blicks stellt Isolde im vierten Bettgespräch vor erhebliche Herausforderungen, die sie jedoch erneut meistert. Wenn Isolde dabei schließlich eroti-

34 Insbesondere für die Frauenräume zeigt dies Strohschneider 2000.

35 Vgl. Bulang 2012, 285.

36 Vgl. hierzu Schnell 2011, 136.

sche Hingabe heuchelnd die Entfernung des Nebenbuhlers von Marke fordert, erreicht sie die Zerstreuung des Verdachts, womit sie ihrer Liebe wieder den nötigen Raum verschafft. Den Tatsachen entsprechend gesteht sie Marke, sie hätte angenommen, er habe sie nur prüfen wollen. Im Weiteren nimmt sie die Argumente der Staatsräson nacheinander zurück zugunsten der Unbedingtheit des Gefühls. Die ganze Welt sei ihr egal, solange nur Marke sie liebe. Dies ist die weibliche Variante des Kaiser-Topos aus dem Minnesang. Ihm gemäß bedeutet dem Sänger auch die Herrschaft über die ganze Welt nicht mehr als die zugewandte Liebe einer Frau. Markes Neffen Tristan hasse sie, betont Isolde erneut, ja es stünde die Usurpation des Landes durch ihn zu befürchten, sollte Marke auf Reisen etwas zustoßen. Dies würde dann Isoldes Entehrung bedeuten. Mit leidenschaftlichen Liebkosungen unterstreicht Isolde ihre vorgebliche Aufrichtigkeit zugleich mit der vorgeblichen passionierten Inklination zum Ehemann. Erstaunlich ist dabei doch, dass Marke die drohende Usurpation des Reiches in keiner Weise ernst nimmt. Obwohl er Isolde wieder vertraut und Marjodo in Ungnade fällt, scheint er die von Isolde vorgebrachte Gefahr, die Tristan bedeute, ganz und gar der Unbedingtheit des Gefühls zuzuschreiben und als Affektausdruck einer Hingabe zu werten, die nur ihn allein, Marke, meint. Eine vergleichbare Äußerung in der männlichen Situation des Fürstenrates hätte wohl Konsequenzen gegen Tristan nach sich gezogen.[37] Dass Isolde wiederum es geradezu darauf abgesehen hat und damit rechnet, dass Marke ihren Vorwurf nicht zum Anlass politischer Maßnahmen gegen Tristan nehmen wird, zeigt, dass sie ihre diplomatischen Einwände zur Sicherheit des Landes dem Ehemann als Maske anbietet. Hier ereignet sich eine doppelte Verlarvung,[38] welche die Forschung früher gemeinhin erst der Hofkultur der frühen Neuzeit und des Barock konzedierte, die aber – wie Schnell zeigt – bereits im Mittelalter praktiziert und reflektiert wurde.[39]

Was syntagmatisch als doppelter Vollzug des Ausgleichstyps die ursprüngliche Situation wiederherstellt, hat dabei eine bis zur Rabulistik sich steigernde Auffächerung der *dissimulatio* vollzogen, die Repliken erscheinen so als schwindelerregende diskursive Volten.

Gottfrieds eigenwillige Gestaltung der Bettgespräche holt somit alles aus der Stoffgeschichte heraus. Damit jedoch scheint mehr bezweckt als eine Spitzfindigkeit um ihrer selbst willen. Denn das Geschehen weist noch auf eine tiefere, anthropologische Ebene. In den Bettgesprächen ereignet sich ein breites Spektrum von Ausdrucksmöglichkeiten: Klage über den Schmerz des Abschieds, Liebesbekenntnis, Bekundung der Verachtung Tristans, leidvolle Interjektion, rationale Auseinandersetzung und diplomatische Beratung. Helmuth Plessner hat fasziniert an einer anthropologischen Grundproblematik des menschlichen Ausdrucks gearbeitet. Im Unterschied zum Tier, so Plessner, müsse sich der Mensch seines eigenen Leibes bedienen, um sich ausdrücken zu können, genauer: Er muss den eigenen Körper als Instrument nutzen, um sich mitzuteilen.[40] Der Körper entlässt nicht von selbst jene Signale, die den Mitmenschen erreichen, dies vollziehe sich

37 Freilich musste Tristan selbst im Kronrat vor der Brautwerbung den widerwilligen Marke dazu bewegen, aus den Bedenken der Barone gegen ihn Konsequenzen zu ziehen.

38 Zum Diskurs über die „Verlarvung der Affekte“ vgl. die Studie zu Lohensteins *Agrippina* von Meyer-Kalkus 1986.

39 Vgl. Schnell 2011.

40 Plessner 1983, 310.

vielmehr in einem Akt des Sich-Zu-Sich-Verhaltens. Dadurch nun – so Plessner – ist der Mensch von einer inneren Abständigkeit geprägt, welche die Voraussetzung seiner Möglichkeit sich mitzuteilen sei. Die Forderung an den Höfling, Schauspieler seiner selbst zu sein, um in Intrigen bestehen zu können, wird von Plessner universalisiert. Der Mensch als solcher ist Schauspieler seiner selbst. Anthropologie ist Anthropologie des Schauspielers.[41] Gottfrieds Schilderung der Intrigen im Ehebett übersteigt so gesehen die kulturelle Praxis der *dissimulatio* hin auf die grundlegende Ausstattung des Menschen. Die Originalität von Gottfrieds Ausführung liegt im gesteigerten Virtuosentum des Ausdrucks bei Isolde. Plessner weist auf die Grenzen des Ausdrucks hin: Ausdrucksintentionen finden ihr Ende im Lachen und im Weinen, im eruptiven Gelächter und im unkontrollierten Schluchzen.[42] Während das Lächeln und das Seufzen noch in den Bereich der menschlichen Mitteilung fallen,[43] endet der Ausdruck nach Plessner an den Grenzphänomenen Lachen und Weinen. Die rezente Emotionalitätsdiskussion in der Mediävistik hat freilich auch auf den Zeichencharakter von Lachen und Weinen aufmerksam gemacht. Mit diesem rechnet auch Gottfrieds Roman, denn Isolde versteht es, noch die Grenzen des Ausdrucks geschickt zu instrumentalisieren. Sie bricht im zweiten Bettgespräch, nachdem Marke vorgibt, der Trennungsschmerz raube ihm den Verstand, in Tränen aus:

> diu gelêrte küniginne
> si stiez sin wider sin;
> siuftende sprach si wider in:
> „owê mir, inneclîche owê!
> owê! nu wânde ich allez ê,
> daz diz vertâne mære
> durch schimpf gesprochen wære:
> nu hœre ich unde weiz ez wol,
> daz ez ein ernest wesen sol."
> si huop an unde begunde
> mit ougen und mit munde
> leitlîche clage erscheinen,
> sô clegelîche weinen,
> daz si dem einvalten man
> sînen zwîvel allen an gewan
> und wol gesworen hæte,
> daz si'z von herzen tæte." (*Tristan*, V. 13 878–13 894)

Übersetzung: Die wohlvorbereitete Königin setzte Schläue gegen Schläue; seufzend wandte sie sich an ihn: „O weh mir, ach und weh! O weh, nun dachte ich neulich, daß dieser vermaledeite Gedanke als Spaß gemeint war. Nun höre ich und muß es zur Kenntnis nehmen, daß es Euch ernst ist." Sie schickte sich an, mit Tränen und Gejammer ihr Leid zu beklagen und so erbärmlich zu weinen, daß sie dem arglosen Mann allen Zweifel zerstreute und er geschworen hätte, daß es aus ihrem Herzen kam. (Haug)

---

41 Vgl. Plessner 1982.

42 Vgl. Plessner 1941. Dass das inszenierte Lachen dagegen durchaus zum Spektrum des Ausdrucks gehört, zeigt an historischen Quellen Althoff 2005.

43 Plessner 1970.

Galant wird Gottfried hier anmerken, dass man Frauen nichts Schlechtes nachsagen könne, außer ihrer Befähigung, jederzeit ohne Anlass weinen zu können. Komisch freilich ist hier nicht die misogyne Pointe, sondern das Vorführen des Ausdrucksspektrums der Akteure über die Grenzen des Ausdrucks hinaus. Auch Marke spielt mit den Grenzen des Ausdrucks, er seufzt, täuscht Hingabe vor, wendet sich mit Umarmungen und Küssen listig seiner Frau zu. Aber kann man hier noch unterscheiden, ob die gespielten Küsse unmittelbarer Ausdruck seiner Liebe zu Isolde sind oder nicht? Auch der Schauspieler, der auf der Bühne küsst, küsst wirklich, und wenn er auf der Bühne raucht, schädigt er seine Lunge – aus anthropologischer Perspektive betrachtet haben auch Fiktionalitätskontrakte ihre Grenzen. Isolde, so Gottfried, reagiert darauf unterwiesen (*gelêrt*) und setzt *sin wider sin* – diese mit Vokabeln der Gelehrsamkeit operierende Umschreibung meint aber eine von Isolde vorgeblich spontan eingesetzte Interjektion (*owê mir, inneclîche owê!*) und ihre folgende wohlüberlegte Aussage als berechnetes Geschehen. Repliziert wird hier nicht ein Sinn, sondern die falsche Spontaneität der Hingabe mit der falschen Spontaneität des Leidensausdrucks. Und wie verhält es sich mit der in Lebensgefahr schwebenden Isolde und ihren Ausrufen? Hat sie nicht allen Grund bei aller Berechnung besonders betroffen zu sein? Ihre Interjektionen sind unmittelbar und verstellt zugleich. So wie Marke, der in seinen geheuchelten Umarmungen doch tatsächlich Isolde meint.

Mit *sin wider sin* ist zudem auf die hochgradige Literarisierung der Passage verwiesen. Denn das Setzen und sprachliche Gestalten von *sin* ist zentrales Thema von Gottfrieds Dichterschau im Literaturexkurs. Das geschickte sprachliche Operieren im Intrigengeschehen spiegelt somit die Arbeit des Dichters. Dabei erscheint der Bereich der Lüge offen hin auf die Uneigentlichkeit der Fiktion.[44]

Hinzu kommt, dass beide bei aller vorgegebenen Eigentlichkeit ihres Wünschens und Wollens die Reden der Anderen wiedergeben, die der Souffleure Marjodo und Brangäne.[45] Die Bettgespräche stellen so „die Bühne dar, auf der das Duell der beiden Intriganten ausgefochten wird."[46] Die Abgründigkeit solcher Stellvertretung erschließt sich erst, wenn man bedenkt, dass die dem Menschen in der Intimität der Zweierbeziehung abverlangte Authentizität ihre Grenze an der Abständigkeit findet, die menschlichem Ausdruck vorangeht. Die Manipulation der Zeichen und Signale zum Zwecke der *dissimulatio* beschränkt sich nicht auf Oberflächenphänomene, sie reicht tief in die Person hinein. Der Tatbestand, dass die Akteure des Theaters bei Gottfried nackt sind, aller ständischen und überhaupt kulturellen Attribute und Zeichen entkleidet, fundiert die Anthropologie der *dissimulatio* in der Kreatürlichkeit des Menschen.

Hier nun ist auf die nach dem ersten Bettgespräch eingelassenen Ausführungen Gottfrieds über *zwîvel* und *arcwân* einzugehen, auf den bedeutenden Eifersuchtsexkurs. Der *Tristrams Saga* ist zu entnehmen, dass diesbezüglich bereits Bemerkungen bei Thomas zu finden waren:

44 Vgl. zu diesem Übergang auch Bulang 2012, 292–295.

45 Vgl. Ferrante 1990, 173f.

46 Hübner 2003, 332.

> Nú varð konunginum at þessu mikill harmr ok hǫrmulig hugsótt, angr ok óró, ok veit hann ei, hvat hann skal gøra, ok lét þá njósna um atferð þeirra. (*Tristrams Saga*, cap. LI, 73, 3–5)
>
> Übersetzung: Nun erwuchs dem könig daraus eine grosse sorge und ein tiefer kummer, betrübniss und unruhe, und er wusste nicht, was er thun sollte, und liess deshalb ihr thun und lassen beobachten. (Kölbing)[47]

In seinen Ausführungen zu *zwîvel* und *arcwân* blendet Gottfried eine Phänomenologie der Eifersucht mit einem Psychogramm Markes in eins. In dieser Zusammenführung sind auch die manifesten Widersprüche in den diskursiven Passagen zu verorten. Winfried Christ hat im Zusammenhang seiner Untersuchung zur Rhetorik des Romans angesichts dieser von einem pseudologischen Konstrukt gesprochen.[48] Genauerhin bestehen diese Widersprüche darin, dass einerseits der *zwîvel* als Instanz angesprochen wird, welcher die Liebe zerstört:

> waz mac ouch liebe nâher gân
> dan zwîvel und arcwân?
> waz anget liebe gernden muot
> sô sêre, sô der zwîvel tuot?
> dâ mite enweiz er, war er sol,
> wan iezuo sô geswüere er wol
> von eteslîcher ungeschiht,
> die er gehœret oder gesiht,
> er wære ûf dem ende;
> ê man die hant gewende,
> sô widerwirfet sich daz
> und gesiht aber eteswaz,
> daz im aber zwîvel birt,
> dâ von er aber verirret wirt. (*Tristan*, V. 13 777–13 790)
>
> Übersetzung: Was kann der Liebe mehr zusetzen als Zweifel und Argwohn? Was ist beklemmender für ein Herz, das Liebe begehrt, als der Zweifel? Mit ihm weiß man nicht, wohin. Denn bald könnte man aufgrund mancher Untat, von der man hört oder sieht, schwören, man sei am Ziel. Doch ehe man die Hand umwenden kann, ist das ins Gegenteil verkehrt, und man sieht wieder etwas, das einen erneut in Zweifel stürzt, was zu neuer Verwirrung führt. (Haug)

Es ist die Ungewissheit der Liebe der Anderen, die den Zweifel bedingt, er antwortet auf ihre Kontingenz. Auch wenn es *alle werlt tuot*, ist es doch ein *harte unwîser muot*, dem Zweifel zu folgen. Erscheint solcherart die Absage an den Zweifel einerseits noch in der Verfügungsgewalt der Tugendhaften, die sich auch gegen die Sitte aller Welt entscheiden können, so heißt es andererseits kurz darauf apodiktisch:

---

47 *Tristrams Saga*, cap. LI (Übersetzung: S. 164).
48 Christ 1997, 55–63, bes. 58f.

ouch mac daz nieman verbern,
diu liebe müeze zwîvel bern.
zwîvel sol an liebe wesen;
mit dem muoz liebe genesen:
die wîle si den zwîvel hât,
die wîle mac ir werden rât. (*Tristan*, V. 13 821–13 826)

Übersetzung: Im übrigen kann dem niemand entgehen: Liebe bringt Zweifel mit sich. Zweifel muß bei der Liebe sein, mit ihm kann die Liebe auf Rettung hoffen. Solange sie zweifelt, solange ist sie nicht verloren. (Haug)

Gelesen werden kann diese „überraschende Volte“[49] doppelt, einerseits als Hinweis darauf, dass der Zweifel immer noch besser sei als die erwiesene Untreue und dass vom Ersteren eine Rückkehr zur Liebe möglich sei, vom Zweiteren nicht. Andererseits ist die Stelle auch offen für eine Lektüre, die Negativität als Bedingung der Liebe schlechthin versteht (wie jenes kleine *zornelîn*, die Eifersüchteleien, die auch Tristan und Isolde benötigen, um *suone* in Gang zu bringen). Die Versuche, die Widersprüche des Exkurses mit Hinweis auf changierende Wortbedeutungen oder eine unterschwellige Konsistenz der Argumentation zu glätten, überzeugen nicht. Entscheidend an diesem Exkurs ist die Darstellung der Ausweglosigkeit: Vom *zwîvel* führt kein Weg zur Gewissheit der Unschuld des Partners. Ist die Eifersucht einmal in der Welt, kann sie nicht widerlegt werden. Andererseits ist das Ende des *zwîvels* in der Gewissheit der begangenen Untreue zu vermeiden. Denn das Leid der Gewissheit lässt das Leid an der Ungewissheit vergleichsweise erträglich erscheinen. Mit dem *zwîvel [...] enweiz er, war er sol.* Und diese Wegelosigkeit des Zweifelnden ist seine Aporie.[50] Die Pseudologik der Argumentation, die keinen Ausweg im Syllogismus findet, bildet auf der Ebene der Aussagelogik die existentielle Aporie Markes eins zu eins ab: „Die erzählerische Stimme tut nur so, als ob sie einen Standpunkt außerhalb der Innenwelt Markes einnehme.“[51] Während das Liebespaar aufgrund der vom Minnetrank determinierten Liebe und der dem Minnetrank inhärenten Erkenntnisdimension jederzeit vor aller Sprache über den Goldstandard für die Authentizität der wechselseitigen Hingabe verfügt, verharrt Marke im Negativen, die Liebe ist ihm ein Kontingenzphänomen. Gemessen am Goldglanz der Tristanliebe, wird im Bett des Königs nur *bettegelt* getauscht – entsprechend ist es um das Liebesglück bestellt.[52] Und dies verdeutlicht Gottfried auf der Diskursebene, indem er seinen Rezipientinnen und Rezipienten keinerlei Handhabe für eine eindeutige moralische Verurteilung von Markes Eifersucht anbietet.[53] *zwîvel* ist somit nicht etwas, was dem Menschen zu Gebote steht, was er im Interesse des Guten unter-

49 Hübner 2003, 333.

50 Vgl. ebd.

51 Ebd.

52 Dass sich in den Bettgesprächen die „grundsätzliche Diskrepanz zwischen dem eigentlichen Liebesglück und der höfischen Normwelt“ zeige, betont Tax [2]1971, 90. Für Haferland manifestiert sich an solchen Formen des Ausdrucks die Falschheit, die nur im geschützten Inneren der Minnegrotte aufgehoben sei; vgl. Haferland 1988, 281–287. Vgl. zum *bettegelt* als Kontrastfigur zur liebevollen Hingabe Isoldes und Tristans den Essay zum Gold in diesem Buch (Zwei).

53 Eine „tragische Situation Markes“ vermerkt Lerchner 1993, 384.

lassen könne, *zwîvel* ist sein Wesen. Aufgrund seiner anthropologisch gegebenen Abständigkeit muss der Mensch immer am anderen zweifeln, ist er zum Schauspiel gezwungen. Aufgehoben werden können Abständigkeit und *zwîvel* nur durch Magie – durch den Liebestrank, der den Liebenden Tristan und Isolde die Möglichkeit ungetrübter Erkenntnis eröffnet und sie zugleich in die Ziellinie des Todes stellt.

Und damit erreicht Gottfried noch einmal eine anthropologische Vertiefung der Bettgespräche. Denn wegen seines Erkennenwollens und seiner Angst vor dem Erkennen ist die Markefigur wesentlich komplexer gestaltet als die tumben Ehemänner in den Ehebruchschwänken des Mittelalters. Auch die *dissimulatio* der Affekte bekommt dadurch noch einmal eine entscheidende Zusatzdimension. Wenn Marke seufzt und den Abschied beklagt, äußert sich noch in diesem Schauspiel der Gefühle seine existenzielle Betroffenheit. Darin ist Markes innere Disposition Gegenstück zur Angst, in der Isolde permanent lebt. Die Entdeckung wäre ihr Todesurteil und – schlimmer noch – jenes des Mannes, den sie lieben muss, Tristan. Vor diesem Hintergrund relativiert sich der diskursive Slapstick des wechselseitigen Fallenstellens für die Akteure. Beide lügen um ihr Leben.

Fünf

rehte güete und *guldîne linge*

Erotische Allegorese – Der Schließmechanismus der Minnegrotte

In Gottfrieds Roman erfolgt eine poetische Auseinandersetzung mit dem Verfahren allegorischer Sinnbildung. Der Rahmen dafür ist die Waldleben-Episode: Tristan und Isolde verlassen den Markehof und ziehen in die Verbannung der Waldeinsamkeit. In der Stoffgeschichte ist dies zunächst als entbehrungsreiches Leben der Liebenden gestaltet, Hunger und Durst, abgerissene Kleidung und sich einstellende Skrupel prägen das Bild. Thomas hat in seiner Version daraus ein Wunschleben gemacht,[1] die schäbige Laubhütte wurde in der Thomasgruppe zur Fels- oder Erdhöhle. Bei Gottfried hat die Felsenhöhle schließlich die symbolischen Dimensionen einer Kathedrale, so jedenfalls die weitgehend übereinstimmende Sicht der Forschung, seitdem Friedrich Ranke im Jahr 1925 Gottfrieds Beschreibung und Auslegung der Minnegrotte schlüssig auf die geistliche Praxis der Kathedralallegorese bezogen hat,[2] womit seinerzeit ein bedeutender Vorstoß für die Neubewertung der mittelalterlichen Allegorie in den Literaturwissenschaften erfolgte.[3]

Gerade Gottfrieds Zusätze und Interpolationen zu dem in der Stoffgeschichte Vorgegebenen zeigen das Bestreben, die eigene Liebeskonzeption mit verschiedenen Formen geistlicher Rede und Praxis zu konfrontieren und in Beziehung zu setzen. So prägt eine

1 So lässt es sich aus dem *Sir Tristrem* und der *Tristrams Saga* erschließen, beide Texte sind Bearbeitungen der Thomas-Fassung, von Thomas sind die betreffenden Passagen der Waldleben-Episode nicht überliefert.

2 Vgl. Ranke (1925) 1973. Herbert Kolb hat 1962 auf eine andere mögliche Vorlage hingewiesen. In Handschriften des 13. Jahrhunderts finden sich in der französischen Kleinepik Darstellungen der *maison d'amor*. In Gottfrieds Begriff der *minnen hûs* sieht Kolb eine direkte Übersetzung dieses Konzepts. Dieses Haus, in dem die Liebe wohnt, stellt als Ganzes ein Sinnbild der Liebe dar, und in der Tat werden auch hier viele Einzelheiten der Beschreibung auf Tugenden der Liebe hin ausgelegt. Zu dieser *maison d'amor* gehört als Umgebung auch die liebliche Landschaft (was übrigens beim salomonischen Tempel oder bei den Kirchenbauallegorien so nicht der Fall ist). Die Gesellschaft der Vögel und die paradiesische Bedürfnislosigkeit ist hier ebenso vorgesehen. Für eine Reihe von Gottfrieds Einzelauslegungen hat Kolb Parallelen in dieser Tradition darlegen können, eine Vorlage, die in allen Einzelheiten übereinstimmt aber nicht. Problematisch an der Hypothese einer Abkunft der Gottfried'schen Minneallegorie aus einer Tradition französischer Kleinepik ist die Datierung der vorhandenen französischen Texte. Sie sind allesamt nach der Entstehung des Gottfried'schen *Tristan* anzusetzen. Um eine Ableitung der Minnegrotte aus weltlichen Literaturzusammenhängen plausibel zu machen, muss Kolb also Hypothesen auf französische weltliche Traditionen der Allegorie um 1200 bemühen. Auszuschließen ist dies freilich nicht.

3 Vgl. Walter Haug, Einleitung, in: Haug (Hg.), Formen 1979, 2; vgl. auch den forschungsgeschichtlichen Abriss bei Schausten 1999, 130–133.

ganze Reihe geistlicher Bezugnahmen den Text: Beginnend mit dem Eucharistiegleichnis im Prolog,[4] fortgeführt im Isoldelob (*sol novus*-Topos),[5] in der Minnebußpredigt,[6] im Kommentar zum Gottesurteil[7] und im *huote*-Exkurs mit seiner heterodoxen Sündenfall-Exegese[8] zitiert und bearbeitet Gottfried verschiedene Weisen geistlicher Rede und Lehre.[9] Im Rahmen der Waldleben-Episode widmet er sich zentralen Verfahren geistlicher Sinnbildung: der Allegorie und der Allegorese.

Um im Folgenden Gottfrieds Arbeit am allegorischen Sinnbildungsverfahren zu konturieren, sei die Anordnung von Darstellung und Auslegung, von *descriptio* und *interpretatio*, in der Minnegrottenepisode noch einmal vergegenwärtigt. Nach dem Ritt durch die Wildnis geraten Tristan, Isolde und ihr Begleiter Kurvenal in ein liebliches Tal. Tristans länger zurückliegende Entdeckung der dort befindlichen Grotte wird berichtet, ebenso wie ihre Entstehung in einer vorhistorischen Riesenzeit. Darauf folgt die Grottenbeschreibung in 27 Versen (V. 16 706–16 729). Gottfried führt den Blick des Lesers zunächst in die Höhe: Ausmaße der Höhle und Beschaffenheit der Wände werden geschildert, sodann die Wölbung und der Schlussstein in der Kuppel mit den Verzierungen. Von oben geht der Blick wieder zum Boden, auf den grünen Estrich. Es folgt die Beschreibung des Kristallbetts mit der Inschrift, sodann wendet sich die Beschreibung den Fenstern in der Kuppel zu. Schließlich wird die eherne Tür erwähnt, womit die Beschreibung des Innenraums buchstäblich abschließt. Auf die *descriptio* folgt nicht unmittelbar die Auslegung. Zwischen Allegorie und Allegorese sind weitere Schilderungen gestellt: Die Beschreibung der Bäume und des lieblichen Tals mit *locus amoenus*-Topik, sodann das Speisewunder (die Liebenden bedürfen keiner Nahrung außer ihrer Minne) und das Gesellschaftswunder (sie sind sich selbst Gesellschaft genug). Rainer Gruenter hat diese Ausführungen gültig auf den geistlichen *paradisus*-Topos bezogen.[10] Erst nach diesen Schilderungen folgt die Auslegung der Minnegrotte. Sie beginnt mit einer typischen Ankündigung des Wechsels von der buchstäblichen Bedeutungsebene auf jene des höheren Sinns:

---

4 *Tristan*, V. 233–240. Dass mit der Rede vom Brot, das die Geschichte von Tristan und Isolde für die Rezipienten sei, auf die Eucharistie angespielt wird, ist *communis opinio* des Faches. Nur von Eva Willms ist dies mit Hinweis auf die Metapher vom Text als geistiger Speise bestritten worden; vgl. Willms 1994; vgl. zum Passus Haug 1986, 44 und im Rahmen einer Grundsatzreflexion über Gottfrieds Anspielungen Köbele 2004, 223–229.

5 Vgl. in diesem Buch den dritten Essay und Ohly 1979, 128.

6 *Tristan*, V. 12 183–12 357; von einer Bußpredigt spricht erstmals Ranke (1925) 1973, 34; vgl. auch Urbanek 1979; Tomasek 1985, 136–152; Bertau 1990; Huber 2014.

7 *Tristan*, V. 15 732–15 750. Zu rechtsgeschichtlichen Aspekten Combridge 1964, 82–106; zum Problem der Perspektivität der Darstellung Grubmüller 1987, zur Intertextualität der Passage Bulang 2018.

8 *Tristan*, V. 17 817–18 114.

9 Dem von Ranke emphatisch diagnostizierten Befund einer konsequenten Sakralisierung weltlicher Minne begegnet die Forschung mit Skepsis und Differenzierungen. Für eine ‚nüchterne' Behandlung der geistlichen Allusionen plädiert Wachinger 2002, bes. 254; auf der Unbestimmtheit und unklaren Richtung und Qualität religiöser und sexueller Anspielungen insistiert Köbele 2002, 99–100; Analogiepostulate der Forschung problematisiert mit Blick auf den vielschichtigen Wiederholungsbegriff Köbele 2004.

10 Gruenter, Das *wunneclîche tal* (1961) 1993.

Nu'n sol iuch niht verdriezen,
ir'n lât iu daz entsliezen,
durch welher slahte meine
diu fossiure in dem steine
betihtet wære, als si was. (*Tristan*, V. 16923–16927)

Übersetzung: Nun seid nicht ungeduldig, sondern laßt Euch erklären, um welcher Bedeutung willen man die *caverne* in dem Felsen so hergerichtet hatte, wie sie war. (Haug)

Im Vergleich mit theologischen Entwürfen allegorischer Exegese muss an Gottfrieds Minneallegorie auffallen, dass sich die Transzendierung des Literalsinns allein mit Blick auf die tropologisch-moralische Sinndimension vollzieht: Entfaltet wird eine Ethik bedingungsloser, transparenter und sinnlicher Liebe. Dass Gottfried hier das geistliche Verfahren anlegt, um seine radikal weltliche Liebesethik darzustellen, ist zu Beginn des 13. Jahrhunderts noch nicht gebräuchlich. Erst später entwickeln sich durchaus Liebesallegorien wie die *Minneburg*, zu der es in den sogenannten Minnereden vielfach Entsprechungen gibt, die sich ihrerseits aus einer Gottfried-Rezeption speisen könnten.[11] Ranke sieht bei Gottfried die erste derartige weltliche Allegorie im Deutschen oder überhaupt in einer Volkssprache. Die Höhle sei dem Tempel Gottes gleichgestellt, sie sei „eine spirituale Minnegrotte […], die sich aus den in der Minne wirkenden Seelenkräften und Tugenden aufbaut."[12] Ich zitiere Rankes Paraphrase der Gottfried'schen Zuordnungen:

> Sie war kreisrund, weit, hoch und senkrecht; die innere *Rundheit* ist die Einfalt der Minne, die ohne Winkel, d. h. ohne Tücke, ohne Falschheit sein soll; die *Weite* ist die unendliche *Kraft* der Minne; die *Höhe* ist der *hohe Mut*, der sich zu den Wolken aufreckt und dem nichts zu viel ist, solange sie sich dorthin emporhebt, wo das Kleinod der Tugenden sich zum Schlußstück zusammenwölbt; und es trifft auch weiter zu, dass die Tugenden geschmückt sind wie mit *Edelsteinen* durch den *Ruhm*, der von ihnen ausgeht, so reich geschmückt, dass wir, *die nidere sîn gemuot*, deren Sinn sich in den niederen Regionen hält und über dem Estrich flattert, zwar nicht am Boden festklebt, aber auch nicht emporzuschweben vermag – wir starren unverwandt empor zu dem künstlichen Werk der Tugenden der Minne und zu dem Glanz, der von ihrem Ruhme zu uns herniederstrahlt, und wenn wir so emporstarren, so wachsen auch unserem Sinn die Schwingen, dass er flügge wird und hochfliegend durch Tugenden Rühmliches hervorbringt. – Die Wand war *weiß* und *glatt*, so verlangt's die *Vollkommenheit*, deren einheitliches Weiß keine andere Farbe duldet, und in der kein Argwohn in Buckel oder Grube lauern darf. Der *Estrich* aus *Marmor* gleicht mit seiner *grünen* Farbe und an Festigkeit der *Beständigkeit*, die immer grünen soll wie Gras; das Bett von Kristall trug mit Recht den Namen der Minne, denn Minne soll auch *kristallklar*, *durchsichtig* und *lauter* sein.[13]

Die Allegorese nimmt sich in 60 Versen alle eingangs geschilderten Bestandteile des Innenraumes einzeln vor. Gottfried greift dazu jedes einzelne Detail seiner vorangegangenen Grottenbeschreibung wieder auf und fügt ihm eine Bedeutungsdimension hinzu, die

11 Lieb, Klingner Bd. 1 2013, 896–912 (B 486); vgl. auch weitere allegorisierende Minnereden in diesem Handbuch.

12 Ranke (1925) 1973, 10.

13 Ebd., 6f.

jeweils ein architektonisches Detail mit einem Moment der Liebesethik korreliert. Nach der Sinngebung des Kristallbetts verlässt Gottfried aber die Ordnung der vorangegangenen *descriptio*. Er wendet sich, von der ursprünglichen Reihenfolge abweichend, der ehernen Tür zu (gemäß der vorangegangenen *descriptio* wären zuvor die Kuppelfenster an der Reihe gewesen). Hier nun wird mit insgesamt 71 Versen besonders ausführlich der Schließmechanismus der Grotte besprochen. Dieser hatte in der *descriptio* der Grotte zu Beginn keine Entsprechung. Die Beschreibung wird erst im Rahmen der Allegorese interpoliert. Nachgestellt ist sodann die Ausdeutung der Kuppelfenster, woraufhin sich die Allegorese dem Außenraum zuwendet. Somit haben die Ausführungen zum Schließmechanismus einen Sonderstatus.[14] *Descriptio* und Allegorese sind hier ineinandergeblendet. Der Schließmechanismus ist nicht Teil der Allegorie, die „schulgemäß zweigeteilt ist",[15] gehört also nicht zum Diptychon von *res* und *significatio*, vielmehr wird auf einer Seite dieser Unterscheidung ein Element eingefügt, welches an beiden – ansonsten in der Auslegung des allegorischen Sinns streng geschiedenen – Ebenen teilhat.

Der komplizierte Schließmechanismus der Minnegrotte wird geschildert, weil die Tür zur Liebeshöhle weder Schloss noch Schlüssel kennt. Auf die Erörterung und Auslegung dieser Sachverhalte wird noch einzugehen sein. Zunächst jedoch ist ein Befund festzuhalten: Gottfried konstatiert das Fehlen von Schloss und Schlüssel; für die bildliche Umschreibung des Auslegungsprozesses der Minnegrotte hat er aber genau dieses traditionelle Bild von Schloss und Schlüssel genutzt:

> Nu'n sol iuch niht verdriezen,
> ir'n lât iu daz entsliezen,
> durch welher slahte meine
> diu fossiure in dem steine
> betihtet wære, als si was. (*Tristan*, V. 16923–16927)

Diese Verse bilden das Scharnierstück zwischen Allegorie und Allegorese, sie changieren ihrerseits zwischen buchstäblicher und uneigentlicher Bedeutung. Denn die *descriptio* des Innenraums der Minnegrotte hatte gewissermaßen mit dem Verschließen der Tür zum Inneren geendet und der Erzähler fuhr daraufhin fort mit der Beschreibung des Außenraums:

> dâ man ûz und in gie,
> dâ gienc ein tür êriniu vür;
> und ûzen stuonden obe der tür
> esterîcher linden drî [...]. (*Tristan*, V. 16728–16731)
>
> Übersetzung: Wo man hineintrat und hinausging, da gab es eine Tür aus Bronze; und draußen oberhalb des Eingangs standen drei ausladende Linden [...]. (Haug)

Der Erzähler öffnet sodann wieder die *fossiure in dem steine*, um diesen vorab geschilderten Raum nun als so konstituierten Erinnerungsraum Stück für Stück zu durchmessen und mit Bedeutung aufzuladen. Das Enthüllen der höheren Bedeutung über den buchstäbli-

14 Vgl. auch Mertens 1995, 50.
15 Ebd., 48.

chen Sinn hinaus wird dabei traditionell als *entsliezen* gefasst (*clavis*-Topos). Mit der Behauptung, die Minnegrotte verfüge weder über Schloss noch Schlüssel, wird auf der Objektebene der Darstellung dasselbe Bild verwendet wie auf der Metaebene der Deutung. Dergleichen findet sich nicht nur im *Tristan*. Dass Bildebene und Auslegungsmetaphorik ineinander greifen, lässt sich beispielsweise im allegorischen *Rätselspiel* des *Wartburgkriegs* geradezu als literarisches Verfahren beobachten.[16] Bei Gottfried dementieren sich die Bildebenen wechselseitig: Wie soll man etwas aufschließen, das weder über Schloss noch über Schlüssel verfügt?

Hier deutet sich bereits an, dass Allegorie und Allegorese im *Tristan* ihre konventionellen Bahnen verlassen. Im Unterschied zum Einsatz der Allegorie bei der Bibelexegese oder bei der Auslegung der Natur handelt es sich bei der Auslegung der Minnegrotte um eine Dichterallegorie bzw. eine Konstruktionsallegorie.[17] Bibelexegese und allegorisierende Naturkunde blieben rückbezogen auf das Gotteswort, das einmal in der Offenbarung der Heiligen Schrift, ein anderes Mal als Schöpfungswort in den Kreaturen sich manifestiert.[18] Auch in der Naturkunde des Mittelalters blieb die Allegorese dem Ideal einer empirischen Korrektheit verpflichtet, Augustinus hatte in der *Doctrina christiana* explizit gefordert, dass Tier- und Pflanzendeutungen von den tatsächlichen Eigenschaften der Dinge auszugehen hätten, da sonst die Deutung dunkel würde.[19] Eine von mythischen bzw. von fiktionalen Gegebenheiten ausgehende Allegorese erscheint gemessen an den Referenzstandards von Bibelexegese und Naturkunde freier, ja willkürlicher.[20]

Die Frage nach dem ontologischen Status von Gottfrieds Höhle ist nicht leicht zu beantworten. Inszeniert wird ihre Errichtung als Ereignis mythischer Urzeiten. Für die Allegorie käme somit die „gottgewollte Voroffenbarung auch durch auserwählte Heiden"[21] in Frage, die bereits vor der *Ovide-moralisé*-Tradition breite Verwendung seit der Patristik erfährt. Andererseits hat Gottfried das Auslegungsverfahren an die Konvention der Kathedral-Allegorese angelehnt, wie Ranke überzeugend darlegt. Nach dem Leitsatz *ecclesia materialem significat ecclesiam spiritualem* erfolgt in Predigten anlässlich einer Kirchenweihe die Auslegung des Gebäudes. Im *Sermo de dedicatione* des Honorius Augustodunensis (Pl 172, 1103) sind die vier Wände die vier Evangelien, das Sanctuarium steht für die *vita contemplativa*, der Vorraum mit dem Volk für die *vita activa*, der Altar mit den Reliquien steht für *Christus in ecclesia*, die Fenster, welche die Kirche erleuchten, stehen für die *doctores*, die Türme für die Prälaten, die Glocken für deren Predigten. Andere Auslegungen sind möglich, z.B. die tropologisch-moralische: Das Gotteshaus ist dann Bild der glaubenden Seele, dessen Fundament der Glaube, dessen Dach die Liebe und dessen Tor der Gehorsam ist.[22] Der ontologische Rahmen einer solchen Rede ist freilich klar: Es ist die

16 Vgl. Kellner, Strohschneider 2007; Kellner 1998.

17 Dieser Terminus wurde eingeführt von Blank 1970.

18 Zur „patristischen Lehre von Gottes Doppeloffenbarung durch sein Werk und durch sein Wort" vgl. Ohly 1979, 127.

19 Augustinus, doctr. chr. 24.59–61; vgl. Hünemörder 1993.

20 Vgl. hierzu den Forschungsbericht zu „einigen Grenzbereichen am Rande der Bedeutungsforschung und Allegorieforschung" von Wells 1992.

21 Ohly 1979, 132.

22 Vgl. Ranke (1925) 1973, 12–14.

neu erbaute Kirche, in welcher die Predigt ertönt, bzw. auf die sie als Text immer bezogen ist. Der *sensus historicus* ist hier eine architektonische Tatsache in der Welt. Durch die intertextuelle Bezüglichkeit der Grottenallegorese auf die Textsorte Dedikationspredigt ist bei Gottfried eine solche ontologische Assoziation erborgt, aber *naturaliter* nicht belastbar gegeben. Mit Mythenzitat (Riesenvorzeit) und Predigtzitat (*Sermo ad dedicationem*) steht der *sensus historicus* von Gottfrieds Liebeshöhle auf den tönernen Füßen der Fiktion.

Wenn Gottfried uns erschließen will, *wie die fossiure in dem steine betihtet* war, so scheint damit auch der ontologischen Status des Auszulegenden angedeutet. Das Verb *tihten* ist im Mittelalter nicht allein auf den engeren Aspekt literarischen Hervorbringens zu beziehen, sondern ganz allgemein auf Formen des Hervorbringens aller Art. Ursprünglich abgeleitet von *dictare* (‚zum Aufschreiben vorsagen'), erfährt es eine Bedeutungsverschiebung, die schließlich in eine engere poetische Bedeutung mündet und so auf das schöpferische Hervorbringen bezogen ist, weshalb in der frühen Neuzeit mit „diktieren" ein neues Wort gebildet wird, um die ursprüngliche Bedeutung abzudecken.[23] So kann im Mittelhochdeutschen beispielsweise von Gott ausgesagt werden, er habe die Welt und *menschen leben ‚getihtet'*.[24] Bei Gottfried wird mit *betihtet* die Gemachtheit, die Artifizialität der Minnegrotte betont.[25] Wenn Walter Haug übersetzt: „[L]aßt Euch erklären, um welcher Bedeutung willen man die *caverne* in dem Felsen so hergerichtet hatte, wie sie war",[26] wird eine in der historischen Semantik des Verbs *tihten* angelegte Ambivalenz unkenntlich. Das ‚Herrichten' rekurrierte dann auf die mythischen Erbauer der Höhle in den Zeiten vor Corvineus, auf ihre Ausstatter. Die im Verb latente engere Bedeutung, die auf das poetische Hervorbringen bezogen ist, erlaubt aber auch eine metapoetische Lesart im Sinne einer Begründung der poetischen Sinnbildung des Erzählers, der die Beschaffenheit der Minnegrotte nicht in der Stoffgeschichte vorfand und auch nicht im Mythos, sondern sie frei entwarf. Als „allegorische Allegorese" hat Hans-Georg Kemper einen vergleichbaren Vorgang bei Mechthild von Magdeburg entfaltet. In der Exegese ihrer Visionen bezieht sie sich nicht direkt auf den Bibeltext, also auf offenbartes Gotteswort, sondern auf einen Sachverhalt, der seinerseits bereits Ergebnis einer Allegorese ist. Die Vision der Begine kann dabei als direkte Offenbarung Gottes deklariert werden, die neben der Offenbarung in der Heiligen Schrift oder in der Schöpfung gilt. Genetisch betrachtet ist die verschriftete Vision bereits eine Auslegung des *Hoheliedes*, sie ist Bibelallegorese, die als solche zum Gegenstand einer allegorischen Sinnbildung zweiter Ordnung wird. Kemper sieht darin eine Emanzipation der poetischen Rede aus ihrer allegorischen Gefangenschaft.[27] Dies nun vollzieht sich in vergleichbarer Weise auch bei Gottfried, wobei bereits von vornherein im Fingieren der Grotte allenfalls Spurenelemente einer authentischen Verkündigung ausgemacht werden können. In mehrfacher Hinsicht erfolgt im *Tristan* somit eine gezielte

23 Vgl. zur Wortgeschichte von *tihten* besonders Gärtner 2006.

24 Vgl. etwa einen Dreierbar in der dem Ehrenboten zugeschrieben Schallweise, dessen erste Strophe mit der Frage anhebt *Waz ist daz best getihte | der werlde wem ist daz kunt?*; vgl. Bartsch 1862, Nr. 153, hier S. 534.

25 Vgl. die Besprechung der Belege von *tihten* in Gottfrieds *Tristan* bei Peschel-Rentsch 1991, 195–199 und Kragl 2019, 251.

26 Gottfried von Straßburg, *Tristan* Bd. 1 2011, 941.

27 Vgl. Kemper 1979.

Dekonstruktion der Allegorie: Durch das Unterlaufen der Dichotomie von Allegorie und Allegorese bereits in der Anordnung der Textpassagen, im *dementi* der allegorischen Metapher des Entschließens auf der Bildebene (Tor ohne Schloss), sodann in der Preisgabe des *sensus historicus* an den Konstruktivismus der Fiktion und schließlich in der ostentativen Umkehr von Bild- und Bedeutungsebene in der Auslegung des Schließmechanismus. Letztere erfolgt genau an dem Punkt, an dem Gottfried uns eröffnet, dass es weder Schloss noch Schlüssel zur ehernen Tür gibt:

> noch slôz noch slüzzel was dar an,
> und wil iu sagen umbe waz:
> dâ'n was niht slôzes umbe daz:
> swaz man gerüstes vür die tür
> (ich meine ûzerhalp dervür)
> ze rûme oder slôze leit,
> daz tiutet allez valscheit. (*Tristan*, V. 16994–17000)
>
> Übersetzung: Es gab weder Schloß noch Schlüssel, und ich sage Euch, weshalb: es gab deshalb kein Schloß, weil jede Vorrichtung an der Tür – ich meine an ihrer Außenseite –, die zum Öffnen oder Schließen dient, Betrug bedeutet. (Haug)

Ab diesem Punkt wird die Beschaffenheit der Welt aus ihrer Bedeutung begründet und nicht umgekehrt. Von der *significatio* wird auf die *res* geschlossen.[28] Ein Schloss ist nicht vorhanden, *weil* es Betrug bedeutet. Es sind nicht Daten der Welt, die sinnbildlich erschlossen werden, sondern die Erfordernisse der *significatio* schlagen auf die Beschreibungsebene durch. Und genau ab diesem Punkt wird Gottfrieds allegorisierende Erotodidaxe frei. Dass Gottfried sich von den Regularien der allegorischen Exegese entbindet, ist entscheidend für die Deutung des Schließmechanismus, welcher der Gottfried-Philologie Schwierigkeiten bereitet.

Das eherne Tor zur Minnegrotte, das weder Schloss noch Schlüssel kennt, kann bei Gottfried nur durch einen geheimen Mechanismus geöffnet werden. In der Thomasgruppe führte noch ein unterirdischer Geheimgang hinein.[29] Um die Schließanlage bei Gottfried ist es wie folgt bestellt: An der Innenseite der Tür befinden sich zwei Riegel, einer aus Elfenbein und einer aus Zedernholz, durch welche die Pforte von innen verschlossen wird. Eine Türfalle aus Gold ist ebenfalls angebracht.[30] Eine Stange aus Zinn, die von außen nach innen geht und versteckt liegt, kann die Falle bewegen und somit die Tür öffnen. Diese Anlage nun wird allegorisiert. Schloss und Schlüssel stehen für Betrug, welcher in der wahren Liebe keinen Platz hat, weshalb beides in der Minnegrotte fehlt. Die Bronzetür kann nicht mit Gewalt aufgebrochen werden, denn wahre Liebe duldet keine Gewalt. Der Riegel aus Zedernholz steht für Weisheit und Verstand, derjenige aus Elfenbein für Keuschheit und Reinheit, Zinn meint die Andacht, Gold das Gelingen:

28 Bereits Ranke betont mehrfach, Gottfried habe „bei der Gestaltung der Grotte von vornherein die allegorische Ausdeutung dieses Bauwerks im Auge gehabt." Ranke (1925) 1973, 9.

29 Vgl. Gruenter, Das *wunneclîche tal* (1961) 1993, 95–101.

30 Zur technischen Semantik von *valle* vgl. Nellmann 1999.

und innen ietweder rigel,
ietweder minnen insigel
daz was zem andern gewant
ietwederhalben an der want;
und was der einez cêderîn,
daz ander helfenbeinîn.
nu vernemet die tiute ir bêder:
daz eine insigel der cêder
daz meinet an der minne
die wîsheit und die sinne;
daz von dem helfenbeine
die kiusche und die reine.
mit disen zwein insigelen,
mit disen reinen rigelen
sô ist der Minnen hûs bewart,
valsch unde gewalte vor bespart.
Daz tougenlîche heftelîn,
daz von ûzen hin în
zer vallen was geleitet hin,
daz was ein spinele von zin;
diu valle was von golde,
als si ze rehte solde:
valle unde haft, diz unde daz,
diu'n mohten beidiu niemer baz
an ir eigenschaft sîn brâht:
daz zin daz ist diu guote andâht
ze tougenlîchem dinge;
daz golt daz ist diu linge.
zin unde golt sint wol hier an:
sîn andâht mac ein ieclîch man
nâch sînem willen leiten,
smalen oder breiten,
kürzen oder lengen,
vrîen oder twengen
sus oder sô, her oder hin
mit lîhter arbeit alse zin
und ist dâ lützel schaden an;
swer aber mit rehter güete kan
ze minnen wesen gedanchaft,
den treit binamen dirre haft
von zine, dem swachen dinge,
ze guldîner linge
und ze lieber âventiure. (*Tristan*, V. 17015–17057)

Übersetzung: Die zwei Riegel an der Innenseite, zwei Siegel der Liebe, waren auf den beiden Seiten der Wand einander gegenüber angebracht. Der eine war aus Zedernholz, der andere aus Elfenbein. Nun hört, was beides bedeutet: das Zedernsiegel bedeutet die Weisheit und den Verstand bei der Liebe; dasjenige aus Elfenbein die Keuschheit und Reinheit. Durch diese zwei Siegel, durch diese reinen Riegel ist das Haus der Liebe geschützt, sind Betrug und Gewalt ausgeschlossen. Der versteckte kleine Bolzen, der von außen zur Türfalle hineinführte, war ein Stäbchen aus Zinn, die Falle war aus Gold, wie es sich gehörte: Falle und Bolzen, das eine wie das andere, die hätten ihr Wesen gar nicht besser zum Ausdruck bringen können: das Zinn bedeutet, die Gedanken in guter Weise auf seine Herzenssache zu richten; das Gold meint das Gelingen. Zinn und Gold sind hier richtig: seine Gedanken kann jeder so lenken, wie er will, er kann sie eng führen oder in die Breite gehen lassen, sie kurz halten oder in die Länge ziehen, sie frei entfalten oder ihnen Zwang antun, so oder so, hin oder her ohne sonderliche Mühe, so wie man mit Zinn umgeht, und das ist eine harmlose Sache; wer jedoch in wahrhaft guter Weise seine Gedanken auf die Liebe richtet, den führt dieses unscheinbare Stäbchen aus Zinn zum goldenen Gelingen und zu beglückender Begegnung. (Haug)

Nach einer langen Zeit ausschließlich geistlicher Deutung dieser Anlage hin auf die Paradiespforte kam mit den Thesen von Werner Betz die sexualmetaphorische Deutung des Zusammenhangs von *rigel, heftelîn* und *valle* ins Spiel. Betz sieht darin „eine vom männlichen Genitale her gesehene psychologisch-physiologische Schilderung des Liebesaktes.“[31] Dies wurde von der Forschung teils grundsätzlich bestritten,[32] andererseits durchaus eingeräumt, wobei die Begründung der These bei Betz vielfach Kritik erfuhr. Die Auslegbarkeit dieses Verschlussmechanismus auf den Geschlechtsakt hin ist in der Forschung mittlerweile weitgehend eingeräumt, die Begründung dieser Lesart bei Betz nicht:

> *Daz tougenliche heftelin* – ‚der geheime Öffner‘, war *„ein spinele von zin“* – ‚eine Spindel, eine sich hin und her bewegende Walze aus Zinn‘ – *„spinele“* steht z. B. in den Fastnachtspielen auch für *membrum virile*. Dieses *spinele* wird von außen zur *valle* hingeleitet, zur „Klinkenfalle“, zum *genitale femininum* […]. Weiter heißt es: *„valle unde haft, diz unde daz / diun mohten beidiu hiemer baz / an ir eigenschaft sin braht“*: für „Klinkenfalle“ und „Türöffner“ wäre es wohl mehr als trivial zu sagen, dass sie niemals besser zu ihrem eigentlichen Wesen hätten gebracht werden können.[33]

Die These wurde zunächst philologisch-wortgeschichtlich kritisiert. Hier ging es um das richtige Verständnis und die Einschlägigkeit der angeführten Parallelstellen zu *vallen, spinele, heftelîn*, die missverstanden wurden bzw. weit später als Gottfried datieren.[34] Betz sieht in dieser Verschlüsselung die Liebeskonzeption der Katherer angespielt, von der aus eine Kritik an der höfischen Kultur formuliert werde, die sich insbesondere gegen den höfischen Ehrbegriff richte und ein Plädoyer für die erotische Emanzipation formuliere. Von der Forschung wurde dieser Rekurs auf katharische Liebeslehren kritisiert. Die Effizienz der Ketzerverfolgung hatte mit sich gebracht, dass solche Lehren anathematisiert wurden und nur aus den polemischen Invektiven der Gegner bekannt sind. Dabei bewährt sich

31 Betz (1969) 1973, 524.
32 Mit besonderem Nachdruck bei Nellmann 1999.
33 Betz (1969) 1973, 522f.
34 Jaeger 1978.

die Regel, dass deviante Gegner sexuell dämonisiert werden. Konzeptionell belastbar als Quellen für eine katharische Liebeslehre sind solche Aussagen insofern in der Regel nicht.

Zu hinterfragen sind zudem zwei völlig ahistorische Voraussetzungen einer bestimmten sexualsymbolischen Sinnbildung, die sexualsymbolischen Literaturdeutungen oft inhärent sind und die ich auch bei Betz meine erkennen zu können. Die erste ist die Vorstellung von der Wiederkehr des Verdrängten, wie sie Sigmund Freuds Traumsymbolik zugrundeliegt. Das Triebschicksal des Bürgers in einer arbeitsteilig organisierten Welt mit rigorosen Moralforderungen bricht sich Bahn in kompensierenden Traumwelten, in denen die allgegenwärtige Zensur des Über-Ich mit mehrdeutigen Symbolen ausgehebelt wird. Die ahistorische Applikation solcher analytischer Instrumente auf mittelalterliche Texte führt geradezu in Spekulationsruinen, da sie ihre Rechnung ohne die bürgerliche Welt und die Kultur des 19. und 20. Jahrhunderts macht, die sozial-, medien- und mentalitätsgeschichtlich den Rahmen solcher Sinnbildungsoptionen stellt. Ebenso verhält es sich mit einer zweiten Implikation von Betzens Thesen, der Vorstellung einer symbolischen Subversion kirchlicher Doktrinen durch häretische Liebeslehren. Solche Versuche, Gottfrieds Liebestheorie im Sinne einer häretischen ‚Ideologie' zu vereindeutigen, finden sich nicht nur bei Betz.[35] Diese Vorstellung ist nach dem Muster einer hegemonialen Disziplinierung gestrickt, die eine Gegenöffentlichkeit auf den Plan ruft, eine Samizdat-Literatur gewissermaßen, welche die geltende Doktrin mit destruktiven Impulsen attackiert.

Wenn auch solcherart wenig von der Argumentation Betzens Bestand hat, so blieb doch die These einer Darstellung der körperlichen Liebesvereinigung in der Schilderung des Schließmechanismus in der Forschung virulent. Huber vermerkt, dass dies doch eigentlich gut in Gottfrieds Konzept passe: Liebe wird thematisiert gerade in ihrem sexuellen Vollzug, nicht wie im Minnesang als Verzicht und Entsagungssensation.[36] Der konzeptionelle Sinn einer Tugendlehre der Minne, wie sie Gottfried in der Minnegrottengeschichte vorführt, wäre dann darin zu sehen, dass jenes Zentrum, welches die Tugenden der Liebenden generiert, nicht die Entsagung sei, wie in der Läuterungsminne der Liebeslyrik. Das wertegenerierende Zentrum der Liebe liegt vielmehr im Liebesvollzug selbst, in der vorbehaltlosen körperlichen Hingabe. Dass Gottfried genau dies in den erotodidaktischen Passagen seines Textes immer wieder nahelegt, ja behauptet, ist in diesem Werk eigentlich nicht zu übersehen. Bereits Ranke hat deutlich auf die Konsequenz einer solchen Konzeptionalisierung hingewiesen: Es erfolge die Sakralisierung der erotischen Liebe.[37] Volker

35 Seit Webers Ketzerthese wurden solche Dinge gelegentlich erwogen: Weber Bd. 1 1953, 181f.; Meinecke 2000; Ernst 2008; grundsätzlich kritisch zu Versuchen der Identifizierung eines häretischen Verfassers Bertau Bd. 2 1973, 885; Tomasek 2007, 40f., 44; vgl. auch Schnell 1982, 339f. Alternativ dazu sieht Fromm im *Tristan* das Exempel und die Lehren Abaelards als einschlägig an; Fromm 1973.

36 Vgl. Huber 2013, 127.

37 Ranke sieht in der Grottenallegorese den Liebesbegriff sakralisiert, die Ehebruchminne werde mit kirchlicher Andacht in Verbindung gebracht, die Liebeshöhle als Tempel stilisiert. So betrachtet wäre die Minnegrotte gewissermaßen das Herzstück des Textes, der ja eine moralisch verwerfliche ehebrecherische Liebe als Wert an sich zu modellieren sucht. Ranke konstatiert das „Erheben der Grotte in die religiöse Sphäre". Das kristallene Lustbett steht an jener Stelle, an der in der Kathedrale der Altar steht. Tristan und Isolde seien nach Ranke „Diener im Tem-

Mertens hat dagegen auf dem Preis der Minnedidaxe insistiert: Liebe werde allegorisch domestiziert, gerate in geistliche Gefangenschaft. Neutralisiert werde damit – insbesondere auch vor dem Hintergrund der Thomas-Version – der „dämonisch-mythische Anspruch" der Liebe.[38]

Dass Gottfried die mythische Dimension mit der sakralen zusammenspannt, konnte bereits beobachtet werden, auch in der Minnegrotte werden mythische Riesenzeit und Kathedralallegorese verknüpft. Die Gesamtinterpretation der Passage (Sakralisierung oder Neutralisierung der Minne) entscheidet sich mit der Auslegung des Schließmechanismus.

Diesen möchte ich im Folgenden einer dichten Lektüre unterziehen. Ich gehe dabei davon aus, dass das Sinnbildungsverfahren der Allegorie in diesem Text dekonstruiert wird, d. h. dass Gottfrieds *Tristan* im Zuge des Aufrufens dieses Verfahrens eine Energie freisetzt, die das in Anspruch genommene Verfahren unterläuft. Ist dem so, dann wäre die Auslegung des Schließmechanismus nicht mehr Teil einer allegorischen Minnedidaxe, sondern vielmehr einer poetisch freien Erotodidaxe. Ich lese die Schließmechanismus-Beschreibung nicht als „Verschlüsselung" einer ‚eigentlichen' Sexualität – dergleichen wäre letztlich eine Vorstellung, die im Pornographischen die Wahrheit des Menschen erblickte und somit eher zum 16. und 19. Jahrhundert passte als ins Hochmittelalter. Ich lese sie vielmehr als poetisch hochartifizielle und beziehungsreiche Versprachlichung des Liebesaktes, als Thematisierungsaufwand unter Heranziehung völlig heterogener Bezugsfelder, dessen Ziel nicht Demaskierung, sondern Überhöhung ist, poetische Vermittlung, nicht symbolische Bemäntelung. Um eine solch proliferierende Sprache und Bezüglichkeit zu schaffen, musste Gottfried die restriktiven Vorgaben der Allegorese hinter sich lassen und in ein kompaktes, komplexes und in seiner Ereignishaftigkeit unberechenbares Sprach- und Dichtungsspiel eintreten. Gottfried vermengt dazu – wie gezeigt werden konnte – Allegorie und Allegorese, er fiktionalisiert den *sensus historicus*, indem er ihm seine Offenbarungsgrundlage entzieht, und macht die Erfordernisse seiner Wertediskussion zum Ausgangspunkt der Bildgestaltung, knüpft die *abstracta* also nicht mehr an die *res*, sondern verfährt genau anders herum. Damit aber kommt für die Modellierung einer Liebesmoral als Einzugsbereich der Sinnbildung alles und jedes in Frage. Die Dekonstruktion der Allegorie ermöglicht für die Sinnbildung eine freie Intertextualität. Ich lese den Mechanismus hin auf die sich in seiner Schilderung sedimentierenden Segmente anderer Diskurse, die einer konsequenten Erotisierung unterzogen werden. Das Ergebnis ist eine poetische Sprache der Liebe als Konfiguration heterogener Elemente.

Im Folgenden betreibe ich also eine Spurensuche nach denjenigen Elementen, aus denen sich Gottfrieds Liebessprache zusammensetzt. In der poetischen Gestaltung des Schließmechanismus fließen zusammen: Erstens: Bezüge auf die Pastourelle, zweitens: Bezüge auf die lateinische Hymnen- und deutsche Mariendichtung, drittens: auf obstetrische, also

pel der Minne verklärt mit dem Schimmer des Heiligen". „So enthüllt uns die Grottenallegorie das tiefste Wesen von Gottfrieds Liebesauffassung als einer in die Sphären religiöser Andacht emporgesteigerten Liebesverherrlichung, einer Liebesreligion erstaunlicher Kühnheit, die weit über alles hinausgeht, was bisher in deutscher oder französischer Sprache zum Preise der Allbeherrscherin Minne gesagt und gedichtet worden war"; Ranke (1925) 1973, 16.

38 Vgl. Mertens 1995; anders beurteilt die mythische Dimension Müller 2002.

frauenheilkundliche Wissensliteratur, viertens: auf bestimmte Phraseologismen und charakteristische Euphemismen.

Erstens: Die weltliche Literatur präsentiert mitunter das Bild der Pforte und ihrer Riegel als Metapher für die weibliche Scham. In einer lateinischen Sequenz von Petrus von Blois, die sich unter den *Carmina Burana* befindet und die zwischen 1155 und 1170 entstanden ist, wird das erfolgreiche Liebeswerben eines Mannes, die gewaltsame Überwindung der Frau,[39] in martialischer Art und Weise besungen: Er dankt der Liebesgöttin dafür, dass er den Widerstand der Geliebten gewaltsam überwinden und mit ihr den Koitus vollziehen konnte. In diesem Lied ist von den *repagula pudoris*, den Riegeln der Scham, die Rede und von der *ianua pudoris,* der Pforte der Scham, die verriegelt sei und vom drängenden Liebhaber gewaltsam geöffnet werde:

> Ad metam propero.
> cum fletu tenero
> mea me sollicitat,
> dum dubitat
> soluere uirguncula
> repagula   pudoris
> flentis bibo lacrimas
> dulcissimas;
> dum me plus inebrio
> plus haurio   feruoris.
>
> Vim nimis audax infero,
> hec ungue seuit aspero,
> comas uellit   uim repellit   strennua,
> sese picat,   et intricat   genua,
> nec ianua   pudoris reseratur.[40]

Übersetzung: Ich beeilte mich, ans Ziel zu kommen, doch mein Mädchen bringt mich mit sanften Tränen aus der Fassung, weil das junge Ding sich nicht dazu entschließen kann, die Riegel der Scham zu öffnen. Wenn sie so weint, trinke ich ihre honigsüßen Zähren; je mehr ich mich betrinke, desto leidenschaftlicher werde ich. | Ganz verwegen tue ich ihr Gewalt an, sie kämpft wie wild mit ihren scharfen Fingernägeln, reißt mich an den Haaren, wehrt tapfer den Angriff ab, sie rollt sich ein und verschränkt die Knie – die Pforte der Scham bleibt verriegelt. (Vollmann)

---

39 Noch die überaus verdienstvolle Ausgabe der *Carmina Burana* von Benedikt Konrad Vollmann kommentiert diese Stellen in einer ganz unakzeptablen Art und Weise, die freilich forschungsgeschichtlich aufschlussreich ist: „Eine ‚Vergewaltigung', deren Reiz in ihrer Zärtlichkeit liegt. Die psychische Struktur des Mannes und der Frau ist mit einer Einfühlsamkeit gezeichnet, die fast an Goethe erinnert"; *Carmina Burana* 2011, 1030. – Die einfachen Anführungsstriche sind fragwürdig und das falsche Numerus des Verbs verweist bereits grammatisch auf die Prädominanz der männlichen Perspektive, die auch das Lied prägt.

40 *Carmina Burana*, Lied 72, 2a 31, 244–247; vgl. zur Gattung der Pastourelle jetzt die Studie von Kessel 2021. Schmellers Erstausgabe druckte das Lied auf der berüchtigten Seite 275 mit unbedruckter Rückseite, damit der kritisch urteilende Leser es bei Bedarf aus seiner Ausgabe entfernen konnte; *Carmina Burana* 1847, 275.

Zweitens: Gegenbildlich zu solchen gewaltsamen Entriegelungen ist die geschlossene Pforte Sinnbild in der Mariologie. Im berühmten Weihnachtshymnus des Heiligen Ambrosius, *veni redemptor gentium*, wird die Doppelnatur Christi im Zusammenhang von unbefleckter Empfängnis und Jungfrauengeburt Mariae verherrlicht. Die dritte und vierte Strophe adressieren die Mariologie, wobei bildhaft vom *claustrum pudoris* die Rede ist.

> Alvus tumescit Virginis,
> claustrum pudoris permanet,
> vexilla virtutum micant,
> versatur in templo Deus.
>
> procedat e thalamo suo,
> pudoris aula regia,
> gemine gigans substantiae
> alactris ut currat viam.[41]
>
> Übersetzung: Der Leib der Jungfrau schwillt an, der Riegel der Keuschheit verbleibt geschlossen, die Banner der Tugend wehen. Gott weilt im Tempel. | Er trete hervor aus dem Schlafgemach, aus dem Königspalast der Keuschheit, der Held von zweifachem Wesen, voller Eifer eilt er seinen Weg.

Auch im *Melker Marienlied* heißt es: *du bist ein beslozzeniu porte.*[42] Dass einer der Riegel bei Gottfried mit der Keuschheit assoziiert wird, kann unmittelbar aus solcher Bildlichkeit entwickelt werden. Bei den Belegen handelt es sich nicht um Einzelbefunde, sondern um den Rückgriff auf Sinnbild und Epitheton Mariae als Pforte, welches sich in lateinischer Hymnik ebenso wie in deutscher Mariendichtung allenthalben findet.[43] Das Motiv ist Resultat mariologischer Exegese der Tempelvision des Propheten Ezechiel:

> et convertit me ad viam portae sanctuarii exterioris quae respiciebat ad orientem et erat clausa | et dixit Dominus ad me | porta haec clausa erit non aperietur et vir non transiet per eam | quoniam Dominus Deus Israhel ingressus est per eam eritque clausa principi | princeps ipse sedebit in ea ut comedat panem coram Domino | per viam vestibuli portae ingredietur et per viam eius egredietur (Ez 44,1–3)
>
> Und er fůret mich wider umb zu dem Thor des euſſeren Heiligthums/ gegen morgen/ es war aber zugeschloſſen. Vnd der Herr sprach zu mir/ Dis Thor ſol zugeschloſſen bleiben/ vnd nicht auffgethan werden/ und ſol niemand da durch gehen/ On allein der Herr/ der Gott Israel sol da durch gehen/ vnd sol zugeschloſſen bleiben. Doch den Fůrsten ausgenommen/ Denn der Fůrst sol darunter ſitzen/ das Brot zu eſſen fur dem Herren/ Durch die Halle soll er hin ein gehen/ vnd durch die ſelbige wider her aus gehen. (*Biblia Germanica* 1545, cxliiii^{r})

41 *Liber Hymnarius* 1983, 11. Zur Mariensymbolik Gruenter (1957) 1993; Salzer 1967, 26–28, 117f., 541–545; Mertens 1999; Hübner 2003, 362.

42 *Melker Marienlied* 1972, vgl. ²VL 1986, 374–377.

43 Die verbindliche Aufstellung vieler Belege bei Salzer 1967, 26–28 (s. v. ‚Pforte'); vgl. auch Marienlexikon 5 1993, 191–193 (Lechner), s. v. ‚Pforte'.

Eingang und Ausgang für den Fürsten allein, hiermit kann die Pforte sowohl mit der unbefleckten Empfängnis Mariae als auch mit der Jungfrauengeburt verbunden werden; der Tempel ist der Leib Mariae. Dabei wird die Pforte in der Tradition mitunter auch vergoldet, was ohne Anlass in der Prophetenvision ist. So heißt es Ende des 12. Jahrhunderts in der *Kindheit Jesu* Konrads von Fußesbrunnen mit explizitem Rückgriff auf Hesekiel (hier Ez 43,1–4):

> Gotes unde menschen kint,
> laz uns des geniezen,
> daz du woltest entsliezen
> die versigelten porten,
> dô von des engels worten
> dîn muoter kintbaere wart,
> und beleip iedoch verspart
> dar nach als dar vor
> der magede güldines tor,
> da von der wîssage sprach
> dô er den künic varn sach
> bêde ûz unde in.[44]

> Übersetzung: Gottes- und Menschenkind, lass uns davon Heil erlangen, dass Du die versiegelte Pforte aufgeschlossen hast, nachdem deine Mutter von dem Engelswort schwanger geworden war. Das goldene Tor der Jungfrau blieb jedoch verschlossen, sowohl danach als auch davor, so wie es der Prophet verkündet hatte, als er den König durch die Pforte ein- und ausfahren sah.

Nun kann beinahe jedes Beiwort der Gottesmutter sinnfällig vergoldet werden, was die Belegsammlung von Anselm Salzer eindrücklich zeigt. Salzer begründet dies auch eigens:

> Das Gold galt stets als das eigentlich göttliche, himmlische Metall, insofern es nämlich die Haupteigenschaften, welche das Licht in sich vereinigt, Reinheit, Erhabenheit (Majestät) und blendenden Glanz besitzt und so zum Symbol des höchsten, vollkommenen Lichtes, der Gottheit wurde, der es ganz besonders zugehört. Demgemäß verband man mit dem Golde die Vorstellung von Heiligkeit, königlicher Hoheit und Majestät, der Reinheit der Liebe, der in schwerer Prüfung bewährten Tugend, der priesterlichen Würde, aber auch des irdischen Segens und der weltlichen Üppigkeit. In diesem Sinne wird das Gold schon in der Bibel und von den ältesten Interpreten derselben erwähnt. In der speciellen Anwendung auf Maria dient dieses Edelmetall als Bild ihrer alles übertreffenden Tugendschönheit.[45]

Wenn freilich die Pforte Hesekiels in der Überlieferung zur goldenen Pforte wird, so manifestiert sich darin vielleicht auch eine Redeweise aus der Frauenheilkunde.

---

44 Konrad von Fussesbrunnen, *Kindheit Jesu*, 1,12.

45 Salzer ^{2}1967, 227.

Drittens: In obstetrischer Rezeptliteratur ist als Metapher für das weibliche Genital die *porta aurea* bzw. die *guldine porte* durchaus geläufig.[46] Durch diesen Kontext wird auch die Bildlichkeit des Golds im Zitat sexuell konnotiert. Johannes Hartlieb beispielsweise schildert in seiner Übersetzung der Trotula zugeschriebenen Rezepte, mit welchen Mitteln verlorene Jungfräulichkeit restituiert werden kann, um die Ehre zu retten und betroffenen Frauen die Heirat zu ermöglichen. Die Überschrift zu diesem Rezept lautet *wie man einer fraun die guldene porthen machen sal, als were sie eine reine maget*. Empfohlen wird ein Dekokt aus adstringierenden pflanzlichen Mitteln, mit dem die *guldene porthen* zu waschen sei.[47] Durch das Hineinspielen medizinischer Wissenssegmente in die poetische Sinnbildung erfolgt eine erhebliche Somatisierung.

Viertens: Phrasen wie *sus oder sô, her oder hin* begegnen als Indizien für sexuelle Handlungen. In einem Lied Ulrichs von Liechtenstein heißt es vom *hohen muot* (Euphorie), er arrangiere fantasierte Liebesvereinigungen im Herzen des Sängers:

> Arme und bein er danne flihtet,
> im und dir, dir und mir,
> Hin und her, sus unde sô:
> daz tuot herzenlîchen wol und machet vrô.[48]
>
> Übersetzung: Er [der *hohe muot*] verflechtet Arme und Beine, ihm und dir, dir und mir, hin und her, so und so, das tut in dem Herzen wohl und macht froh.

Auch Euphemismen wie *lîhte arebeit* oder *lützel schaden* weisen hin auf das Vergnügen beim Sexualakt.[49]

Es handelt sich bei der Assoziation verschlossener Innenräume mit der weiblichen Scham mithin nicht um unterbewusste Sachverhalte, sondern um in geistlicher und weltlicher Liedkunst ebenso wie in der Medizin ausgebaute Bilder. Dass Schloss und Schlüssel an der Pforte Betrug und Gewalt bedeuten, erscheint bei Gottfried als arbiträre Relation, Plausibilität gewinnt sie vor dem Hintergrund von Bildern, wie sie auch in der erwähnten Pastourelle entfaltet werden. Mit den gleichzeitigen Anleihen an der Mariologie vollzieht sich hier auch im Detail eine Sakralisierung der Liebe, welche den Text durchgehend, die Minnegrotten-Allegorese aber in besonderer Weise prägt. Das Material wird neu arrangiert und auf höhere Semantiken und Werte hin überschritten. Gerade der Vergleich mit der obszönen Sequenz des Petrus von Blois zeigt, dass bei Gottfried die gewaltsame Überwindung des Widerstands einer Frau gegen ihren Willen buchstäblich ausgeschlossen ist. Wahre Liebe kennt nicht Schlüssel und Schloss, Betrug und Gewalt. Indem er

---

46 Vgl. zum Beispiel Konrad von Megenberg Bd. 2 2003, 416 (V. 4): Er empfiehlt *hobwurtz* zur postnatalen Reinigung der Frauen: [...] *pringt den frawen ir haimleichait vnd zeucht die gepurt* [hier: placenta] *auz der guldeinen porten*.

47 Ich zitiere aus einer Hartlieb-Handschrift SLUB Dresden C 314, 24r; vgl. auch dasselbe in SLUB Dresden C 451, 46v und UB Heidelberg Cod. Pal. Germ, 488, 19r; vgl. Bulang 2011, 225–227.

48 Ulrich von Liechtenstein 1888, Lied 41.

49 Dergleichen Umschreibungen finden sich auch in französischen Pastourellen und ihren deutschen Verwandten, z.B. *senftez spil* oder *ich tet ir vil sanfte wê* (Tannhäuser); vgl. Kessel 2021, 282, 292f.

die verschlossene Pforte mit der Keuschheit assoziiert, kommen hier eher Elemente der Mariologie zum Tragen. Dennoch aber bleiben die Bilder auf den sexuellen Vollzug der Liebe bezogen. Dieser wird jedoch durch die Kombinatorik der verschiedenen Bezugssysteme umgewertet. Nicht um die körperliche Mechanik der Liebe geht es dabei, in der Zurückweisung von Schloss und Schlüssel wird sie verabschiedet,[50] sondern um mentale Dispositionen der Liebenden, man könnte sagen, um Psychotechniken vorbehaltloser Hingabe. Gottfried spricht in diesem Zusammenhang von *andâht*. Damit ist die Sammlung der Gedanken auf einen Gegenstand,[51] mit Husserl gesprochen „Intentionalität", gemeint. Gottfried kennt an anderer Stelle bereits die ansonsten erst später breit auffindbare Bedeutung *devotio* für Andacht.[52] An dieser Stelle aber wird das Wort erotisiert, denn die *andâht* richtet sich *ze tougenlîchem dinge*. Worte wie *andâht* gehören nicht ins sprachliche Repertoire der Darstellung des sexuellen Abenteuers. Die Ritter der Pastourelle sind nicht andächtig, sondern gierig. Und mit dem Einspielen solcher Aspekte gerät das Bild vom Schließmechanismus zur Katachrese. Denn was Gottfried im Folgenden zur besonderen Eignung des Zinns sagt, kann sich unmöglich auf eine mechanische Vorrichtung beziehen:

> zin unde golt sint wol hier an:
> sîn andâht mac ein ieclîch man
> nâch sînem willen leiten,
> smalen oder breiten,
> kürzen oder lengen,
> vrîen oder twengen
> sus oder sô, her oder hin
> mit lîhter arbeit alse zin
> und ist dâ lützel schaden an [...]. (*Tristan*, V. 17043–17051)
>
> Übersetzung: Zinn und Gold sind hier richtig: seine Gedanken kann jeder so lenken, wie er will, er kann sie eng führen oder in die Breite gehen lassen, sie kurz halten oder in die Länge ziehen, sie frei entfalten oder ihnen Zwang antun, so oder so, hin oder her ohne sonderliche Mühe, so wie man mit Zinn umgeht, und das ist eine harmlose Sache [...]. (Haug)

Zur Betätigung eines Schließmechanismus durch einen Hebel oder eine Welle bzw. Walze sind Vorgänge des Verlängerns und Verbreiterns, des Kürzens, Zwingens und Lösens des Materials geradezu abwegig.[53] Für die Betätigung eines Mechanismus aus der Ferne wäre vielmehr die zuverlässige Härte des Materials bedeutsam. Die von Okken in Zeichnungen

---

50 So auch Hübner 2003, 362f.

51 Vgl. BMZ Bd. 1, 356b; Lexer Bd. 1, 54.

52 *Tristan*, V. 15655: *ir andâht diu was gotelîch* – heißt es von Isolde, als sie fromme Werke vollbringt, um Gott dazu zu bewegen, ihr beim bevorstehenden Gottesurteil zur Restitution ihrer Ehre zu verhelfen. In seiner psychologisierenden Lesart macht Voß 1989, 324 in der *guoten andâht* ein „Sinnbild der Eigendynamik der individuellen Psyche" aus; Kolerus 2006, 174 sieht hier eine „Allegorie auf eine Art innerseelischen Selbstbestimmungsprozess," womit ein Gedanke von Tomasek 1985, 169 wieder aufgegriffen wird.

53 Auf diesen Aspekt geht Nellmann 1999 nicht ein.

und detaillierten Beschreibungen vorgeführte Möglichkeit einer adäquaten mechanischen Umsetzung der literarischen Schließanlage[54] wird solcherart buchstäblich aufgeweicht. Dies ist vergleichbar mit jener Katachrese des grünen Marmorbodens der Minnegrotte, der nach der Abnutzung wie Gras nachwächst. Jan-Dirk Müller hat darauf hingewiesen, wie in dieser Weise das Verflüssigen des Bestimmten und ein Oszillieren zwischen eigentlicher und übertragener Bedeutung erfolge. Verschiedene Realitätsebenen würden so übereinander kopiert, die Härte des Marmors und die Vitalkraft des Grases, und es verschiebe sich die Perspektive vom Sein auf das Sollen.[55] Die Darstellung des Schließmechanismus verfährt strukturanalog. Hier wuchert das mechanistische Bild im Zeichen des weichen Zinns sprachlich aus und lässt damit auch mechanistische und verdinglichende Liebeskonzeptionen vollends hinter sich. Proprium des Zinns, das zur Beschreibung der mentalen Modellierung des Begehrens als Bildspender dient, ist die Weichheit, die Biegbarkeit des Metalls, das im Gegensatz zum Eisen mühelos vom Handwerker bearbeitet werden kann. Und genau diese Eigenschaft ist doch für einen funktionierenden Schließmechanismus gerade nicht zu veranschlagen. *nach sînem willen* kann der Mensch am wertlosen Zinn arbeiten: Er ist in der Lage, sich frei zu seiner Sexualität gestaltend zu verhalten. Und an dieser Stelle bringt Gottfried die *rehte güete* ins Spiel, als *optimum* einer mentalen Disposition, einer *andâht* und wohlmeinenden Hinwendung zum Anderen, welche *ze guldîner linge*, zum goldenen Erfolg, führt, zur vollendeten Liebeserfüllung.[56] Lieben erscheint so als erotisches Exerzitium mit dem Orgasmus als Ziel:

> swer aber mit rehter güete kan
> ze minnen wesen gedanchaft,
> den treit binamen dirre haft
> von zine, dem swachen dinge,
> ze guldîner linge
> und ze lieber âventiure. (*Tristan*, V. 17052–17057)
>
> Übersezung: Wer jedoch in wahrhaft guter Weise seine Gedanken auf die reine Liebe richtet, den führt dieses unscheinbare Stäbchen aus Zinn zum goldenen Gelingen und zu beglückender Begegnung. (Haug)

Mit der *rehten güete* ist an dieser Stelle ein Signalwort gegeben, das einem Artusroman entstammt, welcher Gottfried und seinen mittelalterlichen Zuhörern vertraut war: Dem *Iwein* Hartmanns von Aue, in dessen Exordialsentenz es heißt:

---

54 Okken Bd. 1 ²1966, 590–594. Dass die Zeichnung dem „nur philologisch gebildeten Laien dunkel bleiben muss", betont Nellmann 1999, 306.

55 Vgl. Müller 2002, 389; Müller 2003, 221.

56 Vgl. Hübner 2003, 361: „Die Liebe bedeutet mehr als den Orgasmus, aber der Orgasmus ist ihr Zentrum." In diesem Sinne auch Kolerus, der in Klinke und Schloss „eine Art inneren Selbstbestimmungsprozess" figuriert sieht, der durchaus mit dem Geschlechtsakt zu tun habe, aber nicht „koital" ausgestellt sei; Kolerus 2008, 174–176. Nach Kolerus mache dieser Selbstbestimmungsprozess den Gegensatz richtiger Minne und falscher Minne aus. Letztere manifestiere sich in Markes Hochzeitsnacht.

Swer an rehte güete
wendet sîn gemüete
dem volget sælde und êre.[57]

Übersetzung: Wer sein Streben an das richtig Gute wendet, dem wird auch Glück und Ansehen zuteil. (Mertens)

In Hartmanns Roman geht es um die Abkehr von einem kruden mechanistischen Verständnis ritterlichen Bewährungshandelns im Kampf zugunsten einer gewissensethischen Reflexion auf das eigene Handeln und die Werte der Gemeinschaft.[58] Nicht die im Kampf gewonnene Trophäe, sondern das Gute ist bei Hartmann das Ziel: Durch die entsprechende Ausrichtung erlangt der Ritter öffentliches Ansehen (*êre*) und auch *sælde*, innerweltliches Glück, wobei die Forschung erwägt, ob *sælde* im *Iwein*-Roman auch einen Transzendenzbezug aufweist.[59]

Vor dem Hintergrund der Gattungstradition des deutschen höfischen Romans und des Gottfried'schen Hartmann-Lobes im Literaturexkurs ist *rehte güete* ein Signalwort. Bei Gottfried freilich erfährt es eine entscheidende Modifizierung: Um *êre*, öffentliches Ansehen, geht es nicht, wenn von geheimen Liebesangelegenheiten die Rede ist, der Aspekt der Heilssorge ist wohl auszuschließen: Die Ausrichtung des inneren Sinnes auf das wahrhaft Gute führt zu intensivstem innerweltlichen Glückserleben.[60] Und hier kommt wieder der Begriff des Goldes ins Spiel: Das wertlose Zinn soll zu *guldîner linge* führen. In der Rede über das Zinn wird im *Buch der Alaune und Salze* die Verwandlung von Zinn in Gold geschildert:

> Und in ihm ist Weichheit und das Geschrei und die Schnelligkeit des Schmelzens und die Säure. Wenn also jemand diese vier Schwächen von ihm wegnimmt, wird es sich in Silber zurückverwandeln mit Gottes Zulassung. Und es nimmt die Farbe an und sie setzt sich in ihm fest, und es weißt das Kupfer zu Silber, weil es ihm besonders zugehört. Und es nimmt (auch) die Farbe der Röte an, und es entsteht aus ihm hochwertiges Gold. (Ruska)[61]

Mittelhochdeutsch *linge* bedeutet das Glücken, das Gelingen. Hier klingt die Umwandlung von etwas Wertlosem in etwas Wertvolles an, die alchemistische Goldmacherkunst, die erfolgreiche Umsetzung des *opus magnum*, sein Gelingen, welches hier metaphorisch für die ethische, ästhetische und erotische Überschreitung einer kruden Triebmechanik

57 Hartmann von Aue, Iwein, V. 1–3.

58 Vgl. Schnell 1991.

59 Hartmanns Exordialsentenz lässt sich als ins Weltliche gewendete Variante des biblisch überlieferten Sprichworts Prov. 21,21 verstehen: *qui sequitur iustitiam et misericordiam inveniet vitam et iustitiam et gloriam*; Luther übersetzt: „Wer der Barmhertzigkeit vnd Gůte nachiagt/ Der findet das Leben/ Barmhertzigkeit und Ehre." (*Biblia Germanica* 1545, cccxxxviii^{v}).

60 Tomasek übersetzt *rehte güete* an dieser Stelle mit „innere Integrität" und betont die „herausragende Bedeutung der rechten inneren Disponiertheit", worin er einen Paradigmenwechsel zum individuumsbezogenen Minnebegriff vollzogen sieht; vgl. Tomasek 1985, 165–169.

61 *Et in eo habetur mollities et vox et festinatio solutionis, et est saporis acidi. Ergo si quis ab eo has quatuor infirmitates abstulerit, eum convertit in argentum Deo volente. Et ipsum recipit tincturam et in eo remanet, et dealbat cuprum proprie, quia est singulare ei; et recipit tincturam rubedinis, et fit es eo Sol optimus* […]; *Buch der Alaune und Salze*, § 55 (S. 73, 111).

auf eine rein innerweltliche Erfüllung hin in den Dienst genommen wird. Erzählt wird in alchemistischen Texten von einem Wunderwerk, das durch das *opus magnum* geschaffen werde, und die Rede ist davon, wie man zum goldenen Glück gelangt. Gerade die Zusammenführung eines spirituellen Exercitiums (*andâht*) mit einem handwerklichen Prozess macht das Spezifische der Alchemie im Vergleich mit anderen metallurgischen Arbeiten aus. Der Prozess des Goldmachens, das *opus magnum*, wäre dann analogisiert mit dem Erlangen des höchsten Glücks, dem goldenen Gelingen, im Liebesakt von Mann und Frau.[62]

Dies entspräche der Engführung von Liebeskonzeption und ästhetischem Diskurs im *Tristan* sowie den Ausführungen zum poetischen Gold im zweiten Essay dieses Buches. Dass solche Bildlichkeit auch auf der Handlungsebene gespiegelt wird, konnte ebenfalls bereits gezeigt werden. Für das Gold als Chiffre für den Koitus und das Glück der Liebesvereinigung ist dabei insbesondere die Schilderung der Brautnacht einschlägig, in der Brangäne Marke anstelle der bereits durch Tristan deflorierten Isolde untergeschoben wird. Nach dem Vollzug der Brautnacht mit der falschen Braut werden die Frauen ausgetauscht und Marke schläft daraufhin mit Isolde. Der Erzähler lässt uns wissen, Marke sei die eine so gut gewesen wie die andere. Marke könne zwischen Messing (Brangäne) und Gold (Isolde) nicht unterscheiden. Von der *guldînen linge*, der höchsten Erfüllung in vorbehaltloser wechselseitiger Hingabe aus betrachtet, wie sie ethisch in der Grottenallegorese gefordert wird, erscheint Marke somit defizitär. Daran ändert auch die Bemerkung des Erzählers nichts, Brangäne sei besonders geläutertes Messing gewesen. Dies wird vorgebracht, um Marke nicht als Verlachfigur nach Schwankmuster vorzuführen. Was die geforderte Vorbehaltlosigkeit der Liebe betrifft, wird die Brautnacht als ihr Gegenteil erzählt: Dem ahnungslosen Marke werden im Brautbett eine verzweifelte Brangäne und eine zutiefst verängstigte Isolde beiwohnen. Gemessen an Gottfrieds erotischer Norm ist dergleichen ganz unzulässig.

Und noch einmal kommt Gold im Zusammenhang mit der erotischen Hingabe zur Sprache. Es ist die Szene von Markes ultimativer Entdeckung des Liebespaares *an einem mitten tage* im Baumgarten (V. 18 126). Marke findet die Liebenden einander innig zugewandt schlafend vor:

> wîp unde neven die vander
> mit armen zuo z'ein ander
> gevlohten nâhe und ange,
> ir wange an sînem wange,
> ir munt an sînem munde,
> swaz er gesehen kunde,
> daz in diu decke sehen lie,
> daz vür daz deckelachen gie
> zuo dem oberen ende:
> ir arme unde ir hende,

62 Illustrationen, die den alchemistischen Prozess selbst als Koitus in der Retorte darstellen, kommen erst ab dem 15. Jahrhundert auf und sind insofern für Gottfrieds Sinnbildung nicht einschlägig, vgl. Schott 2016, 107–110.

ir ahsel unde ir brustbein
diu wâren alsô nâhe in ein
getwungen unde geslozzen
und wære ein werc gegozzen:
von êre oder von golde,
ez'n dorfte noch ensolde
niemer baz gevüeget sîn. (*Tristan*, V. 18195– 18211)

Übersetzung: Seine Frau und seinen Neffen, die fand er da innig und eng mit den Armen umschlungen beieinanderliegen, ihre Wange an seiner Wange, ihr Mund an seinem Mund. Alles, was er sehen konnte, nämlich das, was ihn die Decke sehen ließ, was oben über das Leintuch hinausschaute: ihre Arme und ihre Hände, ihre Schultern und ihre Brust, die waren so eng aneinandergepreßt und umschlungen, daß, hätte man eine Statue von ihnen in Bronze oder Gold gegossen, diese nicht fester hätte gefügt sein können. (Haug)

Im Anblick des ineinander gefügten Paares wird Marke der Ehebruch nach allen seinen Zweifeln schließlich evident. Der Vergleich mit einem *werc von êre oder von golde* ist dabei auf das Konto des Erzählers zu buchen, denn die vollendete Umsetzung einer handwerklichen bzw. ästhetischen Norm (*ezn dorfte noch ensolde | niuwer baz gefüeget sîn*), die hier anlässlich des vollkommenen Paares verkündet wird, steht im deutlichen Gegensatz zum von Marke entdeckten ultimativen Normbruch. Wie so oft im *Tristan* treten auch hier die ethischen Perspektiven auf das Geschehen von Figur und Erzähler auseinander. Aus der Entdeckungsszene heraus gelingt dem Erzähler im Zeichen der glänzenden Goldskulptur noch einmal eine ikonische Überhöhung der Liebe des Paares, eine Überhöhung, die gemäß der im Prolog entfalteten Regeln auch auf das Kunstwerk selbst ausstrahlt, welches ebenso wie die goldene Isolde als poetisches Gold glänzt. Dass Gottfried in der Entdeckungsszene wiederum die mechanistische Schlossmetapher gebraucht (das Paar sei *getwungen und geslozzen*), könnte als Rückverweis auf den Schließmechanismus mit der goldenen Falle gelesen werden. Allegorisch freilich ist solches Gold nicht mehr.

Bibliographie

Abkürzungen

ABäG	Amsterdamer Beiträge zur älteren Germanistik, Amsterdam, ab 1972.
BMZ	Georg Friedrich Benecke, Wilhelm Müller, Wilhelm Zarncke, Mittelhochdeutsches Wörterbuch, 3 Bde., Stuttgart 1854–1866.
CCSL	*Corpus christianorum. Series Latina*, bisher 228 Bde., Turnhout, ab 1953.
ER	The Encyclopaedia of Religion, hg. von Mircea Eliade, 16 Bde., New York, London 1986–1987.
DNP	Der Neue Pauly. Enzyklopädie der Antike, hg. von Hubert Cancik, August Pauly und Manfred Landfester, 16 Bde., Stuttgart, Weimar 1996–2003.
DVjs	Deutsche Vierteljahrsschrift für Literaturwissenschaft und Geistesgeschichte, Stuttgart, ab 1923.
DWB	Jacob und Wilhelm Grimm, Deutsches Wörterbuch, 33 Bde., München 1999 [zuerst Stuttgart 1854–1971].
GRM	Germanisch-Romanische Monatsschrift, Heidelberg, ab 1909.
HWBA	Handwörterbuch des deutschen Aberglaubens, hg. von Hanns Bächtold-Stäubli unter Mitwirkung von Eduard Hoffmann-Krayer, 3. unveränd. Auflage mit einem neuen Vorwort von Christoph Daxelmüller, 10 Bde., Berlin, New York 2000 [zuerst 1927–1942].
HWBPhil	Historisches Wörterbuch der Philosophie, hg. von Joachim Ritter und Karlfried Gründer, völlig neu bearbeitete Ausgabe des Wörterbuchs der philosophischen Grundbegriffe von Rudolf Eisler, 13 Bde., Basel 1971–2007.
Lexer	Matthias Lexer, Mittelhochdeutsches Wörterbuch, Nachdruck der Ausg. Leipzig 1869–1878, mit einer Einleitung von Kurt Gärtner, 3 Bde., Stuttgart 1979.
LexMa	Lexikon des Mittelalters, 9 Bde., München 2002 [zuerst 1980–1999].
Marienlexikon	Marienlexikon, hg. von Remigius Bäumer und Leo Scheffczyk, 6 Bde., St. Ottilien 1988-1994.
MF	Des Minnesangs Frühling, unter Benutzung der Ausgaben von Karl Lachmann und Moriz Haupt, Friedrich Vogt und Carl von Kraus bearb. von Hugo Moser und Helmut Tervooren, 38., erneut revidierte Auflage mit einem Anhang: Das Budapester und Kremsmünsterer Fragment, Stuttgart 1988.
Pauly RE	Pauly Real-Encyclopädie der classischen Altertumswissenschaft, hg. von Georg Wissowa und August Pauly, Stuttgart 1893–1978.
PBB	Beiträge zur Geschichte der deutschen Sprache und Literatur, Halle (später Tübingen) 1874–2021, parallel Halle 1955–1979.
PL	*Patrologiae cursus completus/ series latina/ sive bibliotheca universalis, integra, uniformis, commoda, oeconomica, omnium ss. patrum, doctorum scriptorumque ecclesiasticorum, qui ab aevo apostolico ad usque Innocetii III tempora floruerunt* […], hg. von Jacques Paul Migné, Paris 1844–1855.
TRE	Theologische Realenzyklopädie, hg. von Gerhard Krause und Gerhard Müller, 36 Bde., Berlin, New York 1976–2004.
^{2}VL	Die deutsche Literatur des Mittelalters. Verfasserlexikon, begründet von Wolfgang Stammler, fortgeführt von Karl Langosch, zweite, völlig neu bearbeitete Auflage, unter Mitarbeit zahlreicher Fachgelehrter hg. von Kurt Ruh zusammen mit Gundolf Keil (Bd. 1–8), Burghart Wachinger (Bd. 9–11) u. a., 14 Bde., Berlin 1978–2008.
ZfdA	Zeitschrift für deutsches Altertum und deutsche Literatur, Leipzig (später Berlin, dann Wiesbaden), ab 1841.
ZfdPh	Zeitschrift für deutsche Philologie, Berlin, ab 1868.

Quellen

Alchimy Spiegel, Oder kurtz entworffene Practic der gantzen chymischen Kunst […], Franckfurt am Mayn: Steinmeyer 1613.

Augustinus, Die christliche Bildung (*De doctrina Christina*), Übersetzung, Anmerkungen und Nachwort von Karla Pollmann, Stuttgart 2002.

Auriferae artis, quam chemiam vocant […], 2 Bde., Basel: Peter Perna 1572.

Bartsch, Karl (Hg.), Meisterlieder der Kolmarer Liederhandschrift, Stuttgart 1862.

Biblia Germanica] *Biblia*: Das ist: Die gantze Heilige Schrifft/ Deudsch/ Auffs new zugericht. D. Mart. Luth. Begnadet mit Kurfürſtlicher zu Sachſen Freiheit, Wittenberg: Hans Lufft 1545 (Faksimile Stuttgart 1967).

Biblia Sacra iuxta vulgata versionem adiuvantibus B. Fischer, I. Gribomont, H. F. D. Sparks, W. Thiele, recensuit et brevi apparatu critico instruxit Robertus Weber, editionem quartam emendatam cum sociis B. Fischer, H. I. Frede, H. F. D. Sparks, W. Thiele praeparavit Roger Gryson, vierte verbesserte Auflage, Stuttgart 1994.

Bodin, Jean, De la démonomanie des sorciers. Edition critique préparée par Virginia Krause, Christian Martin et Eric MacPhail, avec la collaboration de Nathaniel P. DesRosiers et Nora Martin Peterson, Genf 2016.

Boethius, Amicius Manlius Severinus, *De Consolatione Philosophiae. Opuscula theologica*, hg. von Claudio Moreschini, 2. Ausgabe, München, Leipzig 2005.

—, *Trost der Philosophie*, hg. und mit einem Nachwort von Kurt Flasch [Übersetzung von Ernst Gegenschatz und Olof Gigon], München [5]2019.

—, *Philosophiae Consolatio*, hg. von Karl Büchner, Heidelberg 1947.

Das Buch der Alaune und Salze. Ein Grundwerk der spätlateinischen Alchemie, hg., übers. und erl. von Julius Ruska, Berlin 1935.

Carmina Burana. Lateinische und deutsche Gedichte einer Handschrift des XIII. Jahrhunderts aus Benedictbeuren aus der K. Bibliothek zu München, hg. von J. A. Schmeller, Stuttgart 1847.

Carmina Burana. Texte und Übersetzungen mit den Miniaturen aus der Handschrift, hg. von Benedikt K. Vollmann, mit einem Aufsatz von Peter und Dorothee Diemer, Frankfurt am Main 2011.

Eilhart von Oberg, *Tristrant*. Synoptischer Druck der ergänzten Fragmente mit der gesamten Parallelüberlieferung, hg. von Hadumod Bußmann, Tübingen 1969.

Gottfried von Straßburg, *Tristan*. Nach der Ausgabe von Reinhold Bechstein hg. von Peter Ganz, 2 Tle., Wiesbaden 1978.

—, *Tristan*. Bd. 1: Text (unveränd. 5. Abdr. nach dem 3., mit einem aufgrund von Friedrich Rankes Kollationen verb. kritischen Apparat besorgt und mit einem erweiterten Nachwort versehen von Werner Schröder), Bd. 2: Übersetzung von Peter Knecht, mit einer Einführung in das Werk von Tomas Tomasek, Berlin, New York 2004.

—, *Tristan und Isold*, hg. von Walter Haug und Manfred Günter Scholz. Mit dem Text des Thomas, hg., übers. und kommentiert von Walter Haug, 2 Bde., Berlin 2011 [zitierte Ausgabe].

—, *Tristan*, nach dem Text von Friedrich Ranke neu hg., ins Neuhochdeutsche übersetzt, mit einem Stellenkommentar und einem Nachwort von Rüdiger Krohn, 3 Bde., Stuttgart [15]2017.

von der Hagen, Friedrich Heinrich, Minnesinger, 5 Bde., Leipzig 1838–1856.

Hartmann von Aue, *Gregorius. Der arme Heinrich. Iwein*, hg. und übers. von Volker Mertens, Frankfurt am Main 2008.

—, *Iwein*. Eine Erzählung, hg. von G. F. Benecke und K. Lachmann, neu bearb. von Ludwig Wolff, siebente Ausgabe: Bd. 1: Text, Bd. 2: Handschriftenübersicht, Anmerkungen und Lesarten, Berlin 1968.

—, *Iwein*. Text der siebenten Ausgabe von G. F. Benecke, K. Lachmann und L. Wolff, Übersetzung und Anmerkungen von Thomas Cramer, dritte, durchgesehene und ergänzte Auflage, Berlin, New York 1981.

Heinrich von Morungen, Lieder. Mittelhochdeutsch / Neuhochdeutsch, hg., übers. und kommentiert von Helmut Tervooren, Stuttgart 1975.

Isidori Hispalensis Episcopi Etymologiarvm sive originvm libri XX, recognovit brevique adnotatione critica instrvxit W. M. Lindsay, 2 Bde., Oxford u. a. [9]1991.

Konrad von Fussesbrunnen, *Die Kindheit Jesu.* Kritische Ausgabe, hg. von Hans Fromm und Klaus Grubmüller, Berlin u. a. 1973.

Konrad von Megenberg, *Das Buch der Natur,* Bd. II: Kritischer Text nach den Handschriften, hg. von Robert Luff und Georg Steer, Tübingen 2003.

Konrad von Würzburg, *Die Goldene Schmiede,* hg. von Edward Schröder, Göttingen 1926.

Lex Salica und Malbergische Glossen. Forschungen über das Recht der salischen Franken vor und in der Königszeit. Erläuterungen nebst erstem Versuch einer vollständigen hochdeutschen Uebersetzung. Nachgelassenes Werk von Dr. Knut Jungbohn Clement, hg. und mit einem Vorworte und Register versehen von Dr. Heinrich Zoepfl, zweite Ausgabe, Berlin 1879.

Liber de compositione alchemiae, in: *Artis Auriferae quam chemiam vocant* [...] Bd. 2, Basel: Peter Perna 1572, 3–58.

Liber Hymnarius cum invitatoriis & aliquis responsoriis (= Antiphonale Romanum 2), Solesmes 1983.

Macrobe, Commentaire au *Songe de Scipion,* hg. von Mireille Armisen-Marchetti, 2 Bde., Paris 2003.

Macrobius, Ambrosius Theodosius, Kommentar zum *Somnium Scipionis.* Lateinisch / Deutsch von Friedrich Heberlein, Stuttgart 2019.

Melker Marienlied, in: Kleinere deutsche Gedichte des 11. und 12. Jahrhunderts. Nach der Auswahl von Albert Waag neu hg. von Werner Schröder, Bd. 2, Tübingen 1972, 232–238.

Des Minnesangs Frühling, unter Benutzung der Ausgaben von Karl Lachmann und Moriz Haupt, Friedrich Vogt und Carl von Kraus bearb. von Hugo Moser und Helmut Tervooren, 38., erneut revidierte Auflage mit einem Anhang: Das Budapester und Kremsmünsterer Fragment, Stuttgart 1988.

Das *Nibelungenlied* und die *Klage,* nach der Handschrift 857 der Stiftsbibliothek St. Gallen, mittelhochdeutscher Text, Übersetzung und Kommentar, hg. von Joachim Heinzle, Berlin 2015.

Notker] Die Werke Notkers des Deutschen, begonnen von Edward H. Sehrt und Taylor Starck, fortgesetzt von James C. King und Petrus W. Tax, Bd. 1: Anicius Manlius Severinus Boethius, *De consolatione Philosophiae,* Buch I/II, Tübingen 1986.

Ovid, *Ars amatoria.* Lateinisch / Deutsch, hg. und übers. von Niklas Holzberg, 5. überarb. Auflage, Berlin 2011.

Passional. Buch I: Marienleben, Buch II: Apostellegenden. 2 Bde., hg. von Annegret Haase, Martin Schubert und Jürgen Wolf, Berlin 2013.

Platon, *Phaidon. Politeia.* In der Übersetzung von Friedrich Schleiermacher mit der Stephanus-Nummerierung hg. von Walter F. Otto, Ernesto Grassi, Gert Plamböck, Hamburg 1989 (Platon, Sämtliche Werke 3).

Sir Tristrem. Mit Einleitung, Anmerkungen und Glossar hg. von Eugen Kölbing, Heilbronn 1882.

Testament of Alchemy. Being the Revelations of Morienus, ancient Adept and Hermit of Jerusalem to Khalid Ibn Yazid Ibn Mu'Awiyya, King of the Arabs, of the Divine Secrets of the Magisterium and Accomplishment of the Alchemical Art, ed. and transl. from the oldest Manuscripts, with Commentary by Lee Stevenhagen, Hannover, New Hampshire 1974.

Theophilus Presbyter] Theophilus Presbyter und das mittelalterliche Kunsthandwerk. Gesamtausgabe der Schrift *De diversis artibus* in einem Band, hg. von Erhard Brepohl, zweite, teilw. neu bearbeitete Aufl., Köln 2013.

Tristrams Saga ok Ísondar. Mit einer literarhistorischen Einleitung, deutscher Uebersetzung und Anmerkungen, zum ersten Mal hg. von Eugen Kölbing, Heilbronn 1878.

Ulrich's von Liechtenstein *Frauendienst,* hg. von Reinhold Bechstein, 2 Bde., Leipzig 1888.

Walther von der Vogelweide, Werke. Bd. 1: Spruchlyrik, dritte verb. und erw. Auflage der Ausgabe von Günther Schweikle, hg. von Ricarda Bauschke-Hartung, Stuttgart 2009.

Weiß, Konrad, Die Gedichte aus der *Tröstung der Philosophie* des Boethius. Deutsch, Berlin, Frankfurt am Main 1956.

Priester Wernher, *Driu liet von der maget.* Nach einer Wiener Handschrift mit den Lesarten der Übrigen, hg. von Julius Feifalik, Wien 1860.

Priester Wernher, *Maria.* Bruchstücke und Umarbeitungen, hg. von Carl Wesle, zweite Auflage besorgt durch Hans Fromm, Tübingen 1969.

Forschung

Althoff, Gerd, Vom Lächeln zum Verlachen, in: Werner Röcke, Hans Rudolf Velten (Hg.), Lachgemeinschaften. Kulturelle Inszenierungen und soziale Wirkung von Gelächter im Mittelalter und in der Frühen Neuzeit, Berlin, New York 2005, 3–16.

Angenendt, Arnold, Heilige und Reliquien. Die Geschichte ihres Kultes vom frühen Christentum bis zur Gegenwart, zweite überarb. Aufl., München 1997.

Backes, Herbert, Isolde und der Magnetstein. Zur anagogischen Funktion von Kunst, in: Ulrich Ernst, Bernhard Sowinski (Hg.), *Architectura poetica*. Festschrift für Johannes Rathofer zum 65. Geburtstag, Köln, Wien 1990, 147–178.

Baier, Sebastian, Heimliche Bettgeschichten. Intime Räume in Gottfrieds *Tristan*, in: Elisabeth Vavra (Hg.), Virtuelle Räume. Raumwahrnehmung und Raumvorstellung im Mittelalter, Berlin 2005, 189–202.

Bausinger, Hermann, Bemerkungen zum Schwank und seinen Formtypen, in: Fabula 9 (1967), 118–136.

Beierwaltes, Werner, Trost im Begriff. Zu Boethius' Hymnus *O qui perpetua mundum ratione gubernas*, in: Horst Bürkle, Gerold Becker (Hg.), *Communicatio fidei*. Festschrift für Eugen Biser zum 65. Geburtstag, Regensburg 1983, 241–251.

Bekker, Hugo, Gottfried von Straßburg's *Tristan*: Journey through the Realm of Eros, Columbia 1987.

Bertau, Karl, Deutsche Literatur im europäischen Mittelalter, 2 Bde., München 1973.

—, Literatur als Anti-Literatur? Zur sogenannten ‚Bußpredigt' in Gottfrieds *Tristan*, in: Paola Schulze-Belli, Michael Dallapiazza (Hg.), Il romanzo di Tristano nella letteratura del Medioevo. Der *Tristan* in der Literatur des Mittelalters, Trieste 1990, 7–18.

Betz, Werner, Gottfried von Straßburg als Kritiker höfischer Kultur und Advokat religiöser erotischer Emanzipation, in: Christian Gellinek (Hg.), Festschrift für Konstantin Reichardt, Bern, München 1969, 168–173 [wieder in: Alois Wolf (Hg.), Gottfried von Straßburg, Darmstadt 1973, 518–525].

Beyer, Jürgen, Besessenheit und Bußpredigt. Der Fall Hans Vater (1559–1562), in: Hans de Waardt (Hg.), Dämonische Besessenheit. Zur Interpretation eines kulturhistorischen Phänomens. Demonic Possession. Interpretations of a Historico-Cultural Phenomenon, Bielefeld 2005, 193–212.

Blank, Walter, Die deutsche Minneallegorie. Gestaltung und Funktion einer spätmittelalterlichen Dichtungsform, Stuttgart 1970.

Bleumer, Hartmut, Gottfrieds *Tristan* und die generische Paradoxie, in: PBB 130 (2008), 22–61.

Bonath, Gesa, Nachtrag zu den Akrosticha in Gottfrieds *Tristan* und im *Tristan*-Roman des Thomas, in: ZfdA 115 (1986), 101–116.

Braun, Manuel (Hg.), Wie anders war das Mittelalter? Fragen an das Konzept der Alterität, Göttingen 2013.

Brüggen, Elke, Kleidung und Mode in der höfischen Epik des 12. und 13. Jahrhunderts, Heidelberg 1989.

Brunner, Horst, Verkürztes Denken. Religiöse und literarische Modelle in der politischen Dichtung des deutschen Mittelalters, in: Waltraud Fritsch-Rößler, Liselotte Homering (Hg.), *ûf der mâze pfat*. Festschrift für Werner Hoffmann zum 60. Geburtstag, Göppingen 1991, 309–333.

—, Tristan als Mörder, in: Katharina Boll, Katrin Wenig (Hg.), *kunst und saelde*. Festschrift für Trude Ehlert, Würzburg 2011, 75–86.

Bühler, Axel, Christoph Kann, Dieter Gutknecht, Anicius Manlius Severinus Boethius (ca. 480–524/526 n. Chr.), in: Wolfgang Ax (Hg.), Lateinische Lehrer Europas. Fünfzehn Porträts von Varro bis Erasmus von Rotterdam, Köln 2005, 165–191.

Bulang, Tobias, Visualisierung als Strategie literarischer Problembehandlung. Beobachtungen zu *Nibelungenlied*, *Kudrun* und *Prosa-Lancelot*, in: Horst Wenzel, C. Stephen Jaeger (Hg.), Visualisierungsstrategien in mittelalterlichen Bildern und Texten, Berlin 2006, 188–212.

—, Zur poetischen Funktionalisierung hermetischen Wissens in Fischarts *Geschichtklitterung*, in: Beate Kellner, Jan-Dirk Müller, Peter Strohschneider (Hg.), Erzählen und Episteme. Literatur im 16. Jahrhundert, Berlin, New York 2011, 41–68.

—, Enzyklopädische Dichtungen. Fallstudien zu Wissen und Literatur in Spätmittelalter und früher Neuzeit, Berlin 2011.

—, Inszenierungen höfischer Kommunikation im Roman um 1200. Poetologische Lektüren von Hartmanns Lunete und Gottfrieds Brangäne, in: Euphorion 106 (2012), 3, 277–298.

—, Minnereden im Roman. Text-Kontext-Spannungen im *Frauendienst* Ulrichs von Liechtenstein, in: Iulia-Emilia Dorobanțu, Jacob Klingner, Ludger Lieb (Hg.), Zwischen Anthropologie und Philologie. Beiträge zur Zukunft der Minneredenforschung, Heidelberg 2014, 313–328.

—, Kontext und Intertext – Inszenierte Ordale in mittelhochdeutschen Dichtungen, in: Michele C. Ferrari, Klaus Herbers, Christiane Witthöft (Hg.), Europa 1215. Politik, Kultur und Literatur zur Zeit des IV. Laterankonzils, Wien, Köln, Weimar 2018, 237–254.

—, Tristans Erzählungen – Erzählen von Tristan. Wertediskussion und narrative Ordnung bei Gottfried von Straßburg, in: Daniela Fuhrmann, Pia Selmayr (Hg.), Erzählte Ordnungen – Ordnungen des Erzählens. Studien zu Texten vom Mittelalter bis zur Frühen Neuzeit, Berlin, Boston 2021.

—, Tristans Wunde, in: Mariacarla Gadebusch Bondio, Mark Föcking (Hg.), Eternal Wound – Die ewige Wunde in der frühen Neuzeit, erscheint Wiesbaden 2021.

Butz, Reinhardt, Jan Hirschbiegel, Dietmar Willoweit (Hg.), Hof und Theorie. Annäherungen an ein historisches Phänomen, Köln, Weimar, Wien 2004.

Chadwick, Henry, Boethius. The Consolations of Music, Logic, Theology, and Philosophy, Oxford 1981.

Chamberlain, David S., Philosophy of Music in the *Consolatio* of Boethius, in: Speculum. A Journal of Medieval Studies 45 (1970), 80–97.

Chinca, Mark, Gottfried von Strassburg, *Tristan*, Cambridge 1997.

—, Mögliche Welten. Alternatives Erzählen und Fiktionalität im Tristanroman Gottfrieds von Straßburg, in: Poetica 35 (2003), 307–333.

—, Metaphorische Interartifizialität. Zu Gottfried von Straßburg, in: ZfdPh 128 (2009), Sonderheft, 17–36.

Christ, Winfried, Rhetorik und Roman. Untersuchungen zu Gottfrieds von Straßburg *Tristan und Isold*, Meisenheim am Glan 1977.

Combridge, Rosemary Norah, Das Recht im *Tristan* Gottfrieds von Straßburg, zweite überarb. Aufl. Berlin 1964.

Courcelle, Pierre, La colle et le clou de l'âme dans la tradition néo-platonicienne et chrétienne, in: Revue belge de philologie et d'histoire 36 (1958), 72–95.

Cramer, Thomas, *Solus creator est Deus*. Der Autor auf dem Weg zum Schöpfertum, in: Gerhild Scholz Williams, Lynne Tatlock (Hg.), Literatur und Kosmos. Innen- und Außenwelten in der deutschen Literatur des 15. bis 17. Jahrhunderts, Amsterdam 1986 (Daphnis 15, H. 2–3), 261–276.

Crusius, Otto, Die Epiphanie der Sirene, in: Philologus 50 (1891), 93–107.

Curtius, Ernst Robert, Europäische Literatur und lateinisches Mittelalter, Bern, München [10]1984.

—, Die Musen im Mittelalter. Erster Teil: bis 1100, in: Zeitschrift für romanische Philologie 59 (1939), 129–188.

Dicke, Gerd, Manfred Eikelmann, Burkhard Hasebrink, Historische Semantik der deutschen Schriftkultur, in: dies. (Hg.), Im Wortfeld des Textes. Worthistorische Beiträge zu den Bezeichnungen von Rede und Schrift im Mittelalter, Berlin, Boston 2006, 1–12.

Dicke, Gerd, Erzähltypen im *Tristan*. Studien zur Tradition und Transformation internationaler Erzählmaterialien in Romanversionen bis zu Gottfried von Straßburg, Habil. [masch.] Göttingen 1997.

—, Gouch Gandin. Bemerkungen zur Intertextualität der Episode von Rotte und Harfe im *Tristan* Gottfrieds von Straßburg, in: ZfdA 127 (1998), 121–148.

—, Das belauschte Stelldichein. Eine Stoffgeschichte, in: Christoph Huber, Victor Millet (Hg.), Der *Tristan* Gottfrieds von Straßburg. Symposion Santiago de Compostela, 5. bis 8. April 2000, Tübingen 2002, 199–220.

Dietrich, Walter, Hubert Herkommer (Hg.), König David – biblische Schlüsselfigur und europäische Leitgestalt. 19. Kolloquium der Schweizerischen Akademie der Geistes- und Sozialwissenschaften, Freiburg/Schweiz u. a. 2003.

Dietrich, Walter, David. Der Herrscher mit der Harfe, zweite aktualisierte Aufl., Leipzig 2016.

—, David und die Dichter, in: Sacra Scripta (2017), 1–2, 167–192.

Dietz, Reiner, Der *Tristan* Gottfrieds von Straßburg. Probleme der Forschung (1902–1970), Göppingen 1974.

Dilg, Wolfgang, Der Literaturexkurs des *Tristan* als Zugang zu Gottfrieds Dichtung, in: Rüdiger Krohn u. a. (Hg.), Stauferzeit. Geschichte – Literatur – Kunst, Stuttgart 1979, 270–278.

Dimler, G. Richard, *Diu Fossiure in dem Steine*. An Analysis of the Allegorical Nomina in Gottfried's *Tristan*, in: ABäG 9 (1975), 13–46.

Dutli, Ralph, Goldene Aussichten. Illustrationen von Bruno Ritter, Zürich 2019.

—, Das Gold der Träume. Kulturgeschichte eines göttlichen und verteufelten Metalls, Göttingen 2020.

Eming, Jutta, Ann Marie Rasmussen, Kathryn Starkey (Hg.), Visuality and Materiality in the Story of *Tristan and Isolde*, Notre Dame, IN 2012.

Ernst, Ulrich, Gottfried von Straßburg in komparatistischer Sicht. Form und Funktion der Allegorese im Tristanepos, in: Euphorion 70 (1976), 1–72.

—, Häresie und kritische Intellektualität in der mittelalterlichen Stadtkultur. Gottfrieds von Straßburg *Tristan* als Antwort auf die Ketzerverfolgungen im 13. Jahrhundert, in: ZfdA 137 (2008), 419–438.

von Falke, Otto, Kunstgeschichte der Seidenweberei, neue Ausg. Berlin 1921.

Feldhaus, Franz Maria, Die Technik. Ein Lexikon der Vorzeit, der Geschichtlichen Zeit und der Naturvölker, München 1970 [zuerst 1914].

Ferguson, John, Bibliotheca Chemica. A Catalogue of the Alchemical, Chemical, and Pharmaceutical Books in the Collection of the Late James Young of Kelly and Durris, 2 Bde., Glasgow 1954.

Ferrante, Joan M., *Ez ist ein zunge, dunket mich*. Fiction, Deception and Self-Deception in Gottfried's *Tristan*, in: Adrian Stevens, Roy Wisbey (Hg.), Gottfried von Strassburg and the Medieval Tristan Legend. Papers from an Anglo–North American Symposium, Cambridge, London 1990, 171–180.

Feuerstein-Herz, Petra, Stefan Laube (Hg.), Goldenes Wissen. Die Alchemie – Substanzen, Synthesen, Symbolik. Katalog der Ausstellung in der Herzog-August-Bibliothek Wolfenbüttel am 31. August 2014 bis zum 22. Februar 2015, Wiesbaden 2016.

Feuerstein-Herz, Petra, Ute Frietsch (Hg.), Alchemie – Genealogie und Terminologie, Bilder, Techniken und Artefakte. Forschungen aus der Herzog-August-Bibliothek Wolfenbüttel, Wiesbaden 2021.

Fillitz, Hermann, Die Reichskleinodien. Entstehung und Geschichte, in: Matthias Puhle, Claus-Peter Hasse (Hg.), Heiliges Römisches Reich Deutscher Nation 926–1806. Von Otto dem Großen bis zum Ausgang des Mittelalters. 29. Ausstellung des Europarates in Magdeburg und Berlin und Landesausstellung Sachsen-Anhalt, Bd. 2: Essays, Dresden 2006, 61–72.

Firestone, Ruth H., Boethian Influence in Gottfrieds *Tristan*. A Preliminary Assessment, in: André Crepin, Wolfgang Spiewok (Hg.), Tristan – Tristrant. Mélanges en l'honeur de Danielle Buschinger à l'occasion de son 60ème anniversaire. Tristan – Tristrant. Festschrift für Danielle Buschinger zum 60. Geburtstag, Greifswald 1996, 159–168.

Flasch, Kurt, Das philosophische Denken im Mittelalter. Von Augustin zu Machiavelli, zweite, revidierte und erweiterte Aufl., Stuttgart 2000.

—, Nachwort, in: Boethius, Trost der Philosophie, München [5]2013, 149–159.

Flecken-Büttner, Susanne, Wiederholung und Variation als poetisches Prinzip. Exemplarität, Identität und Exzeptionalität in Gottfrieds *Tristan*, Berlin, Boston 2011.

Freud, Sigmund, Die Traumdeutung (1900), hg. von Alexander Mitscherlich, Angela Richards, James Strachey, Frankfurt am Main 1972 [zuerst 1900].

—, Martha Barnays, Die Brautbriefe. Bd. 1: Sei mein, wie ich mir's denke. Juni 1882–Juli 1883, hg. von Gerhard Fichtner, Ilse Grubrich-Simitis und Albrecht Hirschmüller, Frankfurt am Main 2011.

Friedrich, Udo, Bruno Quast (Hg.), Präsenz des Mythos. Konfigurationen einer Denkform in Mittelalter und Früher Neuzeit, Berlin, Boston 2004.

Fromm, Hans, Tristans Schwertleite, in: DVjs 41 (1967), 333–350.

—, Gottfried von Straßburg und Abaelard, in: Dietrich Schmidtke (Hg.), Festschrift für Ingeborg Schröbler zum 65. Geburtstag, Tübingen 1973, 196–216.

Fuhrmann, Manfred, Joachim Gruber (Hg.), Boethius. Darmstadt 1984.

Gärtner, Kurt, *tihten / dichten*. Zur Geschichte einer Wortfamilie im älteren Deutsch, in: Gerd Dicke, Manfred Eikelmann, Burkhard Hasebrink (Hg.), Im Wortfeld des Textes. Worthistorische Beiträge zu den Bezeichnungen von Rede und Schrift im Mittelalter, Berlin, Boston 2006, 67–82.

Ganz, Peter, Minnetrank und Minne. Zu *Tristan* Z. 11 707f., in: Otmar Werner, Bernd Neumann (Hg.), Formen mittelalterlicher Literatur. Siegfried Beyschlag zu seinem 65. Geburtstag von Kollegen, Freunden und Schülern, Göppingen 1970, 63–75.

—, Tristan, Isolde und Ovid. Zu Gottfrieds *Tristan* Z. 17 182ff., in: Ursula Henning, Herbert Kolb (Hg.), Mediævalia litteraria. Festschrift für Helmut de Boor zum 80. Geburtstag, München 1971, 397–412.

Gebelein, Helmut, Alchemie, München 1991.

Georgi, Annette, Das lateinische Preisgedicht des Mittelalters in der Nachfolge des *genus demonstrativum*, Berlin 1969.

Gerok-Reiter, Annette, Umcodierung. Zum Verhältnis von *minne* und *ere* in Gottfrieds *Tristan*, in: ZfdPh 121 (2002), 365–389.

Glauch, Sonja, Inszenierungen der Unsagbarkeit. Rhetorik und Reflexion im höfischen Roman, in: ZfdA 132 (2003), 148–176.

Glei, Reinhold F., Nicola Kaminski, Franz Lebsanft (Hg.), Boethius christianus? Transformationen der *Consolatio Philosophiae* in Mittelalter und früher Neuzeit, Berlin, New York 2010.

Gnädinger, Louise, Musik und Minne im *Tristan* Gottfrieds von Straßburg, Düsseldorf 1967.

—, Hiudan und Petitcreiu. Gestalt und Figur des Hundes in der mittelalterlichen Tristandichtung, Zürich, Freiburg im Breisgau 1971.

Göller, Luitgar (Hg.), 1000 Jahre Bistum Bamberg 1007–2007. Unterm Sternenmantel, Petersburg 2007.

von Graevenitz, Gerhart, Mythos. Zur Geschichte einer Denkgewohnheit, Stuttgart 1987.

Greenblatt, Stephen, Shakespearean Negotiations. The Circulation of Social Energy in Renaissance England, Berkeley u. a. 1988.

Grubmüller, Klaus, *ir unwarheit warbæren*. Über den Beitrag des Gottesurteils zur Sinnkonstitution in Gottfrieds *Tristan*, in: Ludger Grenzmann, Hubert Herkommer, Dieter Wuttke (Hg.), Philologie als Kulturwissenschaft. Festschrift für Karl Stackmann zum 65. Geburtstag, Göttingen 1987, 149–163.

Gruenter, Rainer, *Der vremede hirz*, in: ZfdA 86 (1955/56), 231–237 [wieder in: ders., Tristan-Studien, hg. von Wolfgang Adam, Heidelberg 1993, 1–9].

—, Bauformen der Waldleben-Episode in Gottfrieds *Tristan und Isold*, in: Richard Alewyn (Hg.), Gestaltprobleme der Dichtung. Festschrift Günther Müller, Bonn 1957, 21–48 [wieder in: ders., Tristan-Studien, hg. von Wolfgang Adam, Heidelberg 1993, 9–46].

—, *Das guldine lougen*. Zu Gottfrieds Tristan vv. 17 536–17 556, in: Euphorion 55 (1961), 1–14 [wieder in: ders., Tristan-Studien, hg. von Wolfgang Adam, Heidelberg 1993, 47–64].

—, *Das wunneclîche tal*, in: Euphorion 55 (1961), 341–404 [wieder in: ders., Tristan Studien, hg. von Wolfgang Adam, Heidelberg 1993, 65–140].

—, Der Favorit. Das Motiv der höfischen Intrige in Gotfrids *Tristan und Isold*, in: Euphorion 58 (1964), 113–128 [wieder in: ders., Tristan-Studien, hg. von Wolfgang Adam, Heidelberg 1993, 141–158].

—, Tristan-Studien, hg. von Wolfgang Adam, Heidelberg 1993.

Haage, Bernhard Dietrich, Wissenschafts- und bildungstheoretische Reminiszenzen nordfranzösischer Schulen bei Gottfried von Straßburg und Wolfram von Eschenbach, in: Würzburger medizinhistorische Mitteilungen 8 (1990), 91–136.

—, Alchemie im Mittelalter. Ideen und Bilder – Von Zosimos bis Paracelsus, Düsseldorf, Zürich 2000 (zuerst 1996).

—, Wolfgang Wegener, Deutsche Fachliteratur der Artes in Mittelalter und Früher Neuzeit. Unter Mitarbeit von Gundolf Keil und Helga Haage-Naber, Berlin 2007.

Haferland, Harald, Höfische Interaktion. Interpretationen zur höfischen Epik und Didaktik um 1200, München 1988.

—, Gottfrieds Erzählprogramm, in: PBB 122 (2000), 230–258.

—, Alchemie und Literatur, in: Mediävistik und Kulturwissenschaften. Mediävistik und Neue Philologie. Akten des X. Internationalen Germanistenkongresses Wien 2000, Jahrbuch für Internationale Germanistik. Reihe A. Bd. 57 (2002), 183–188.

Hahn, Ingrid, Zu Gottfrieds von Straßburg Literaturschau, in: ZfdA 96 (1967), 218–236 [wieder in: Alois Wolf (Hg.), Gottfried von Straßburg, Darmstadt 1973, 424–452].

Hampe, Theodor, Von Selbstbindern. Ein Beitrag zur Geschichte der fahrenden Leute, in: Untersuchungsblatt des fränkischen Kurriers, 1., 9., 16., 23. Januar (1910), 4–5, 15, 18–19, 28–29, 40–42.

Hanuschkin, Katharina, Intrigen. Die Macht der Möglichkeiten in der mittelhochdeutschen Epik, Wiesbaden 2018.

Hasebrink, Burkhard, Die Ambivalenz des Erneuerns. Zur Aktualisierung des Tradierten im mittelalterlichen Erzählen, in: Ursula Peters, Reiner Warning (Hg.), Fiktion und Fiktionalität in den Literaturen des Mittelalters. Jan-Dirk Müller zum 65. Geburtstag, München 2009, 205–217.

Haug, Walter, Âventiure in Gottfrieds von Straßburg *Tristan*, in: Herbert Backes (Hg.), Festschrift für Hans Eggers zum 65. Geburtstag, Tübingen 1972, 88–125.

— (Hg.), Formen und Funktionen der Allegorie. Symposion Wolfenbüttel 1978, Stuttgart 1979.

—, Gottfrieds von Straßburg *Tristan*. Sexueller Sündenfall oder erotische Utopie, in: Kontroversen, alte und neue. Akten des VII. Internationalen Germanisten-Kongresses, Göttingen 1985, Bd. 1, Tübingen 1986, 41–52.

—, Eros und Fortuna. Der höfische Roman als Spiel von Liebe und Zufall, in: ders., Burghart Wachinger (Hg.), Fortuna, Tübingen 1995, 52–75.

—, Die höfische Liebe im Horizont der erotischen Diskurse im Mittelalter und der Frühen Neuzeit, Berlin, New York 2004.

Hausmann, Albrecht, Erzählen diesseits göttlicher Autorisierung: *Tristan* und *Erec*, in: Susanne Köbele, Bruno Quast (Hg.), Literarische Säkularisierung im Mittelalter, Berlin, Boston 2014, 65–86.

Heitmann, Klaus, Orpheus im Mittelalter, in: Archiv für Kulturgeschichte 45 (1963), 253–294.

—, Boethius' Verdammung der Musen im Mittelalter, in: Klaus Heitmann, Eckhart Schröder (Hg.), Renatae Litterae. Studien zum Nachleben der Antike und zur europäischen Renaissance. August Buck zum 60. Geburtstag, Frankfurt am Main 1973, 23–49.

Herkommer, Hubert, Typus Christi – Typus Regis. König David als politische Legtimationsfigur, in: Walter Dietrich, Hubert Herkommer (Hg.), König David – biblische Schlüsselfigur und europäische Leitgestalt. 19. Kolloquium der Schweizerischen Akademie der Geistes- und Sozialwissenschaften, Freiburg/Schweiz u. a. 2003, 383–436.

Herweg, Mathias, Magnetberg, Magnetstein, in: Tilo Renz, Monika Hanauska, Mathias Herweg (Hg.), Literarische Orte in deutschsprachigen Erzählungen des Mittelalters. Ein Handbuch, Berlin, Boston 2018, 397–411.

Horchler, Michael, Die Alchemie in der deutschen Literatur des ausgehenden Mittelalters. Ein Forschungsbericht über die deutsche alchemistische Fachliteratur des Mittelalters, Baden-Baden 2005.

Huber, Christoph, Wort-Ding-Entsprechungen. Zur Sprach- und Stiltheorie Gottfrieds von Straßburg, in: Klaus Grubmüller u. a. (Hg.): Befund und Deutung. Zum Verhältnis von Empirie und Interpretation in Sprach- und Literaturwissenschaft. Festschrift Hans Fromm, Tübingen 1979, 268–302.

—, Die Aufnahme und Verarbeitung des Alanus ab Insulis in mittelhochdeutschen Dichtungen. Untersuchungen zu Thomasin von Zerklaere, Gottfried von Straßburg, Frauenlob, Heinrich von Neustadt, Heinrich von St. Gallen, Heinrich von Mügeln und Johannes von Tepl, München, Zürich 1988.

—, Victor Millet (Hg.), Der *Tristan* Gottfrieds von Straßburg. Symposion Santiago de Compostela, 5. bis 8. April 2000, Tübingen 2002.

—, Sehnsucht und die Autonomie der Liebe, in: Christoph Huber, Victor Millet (Hg.), Der *Tristan* Gottfrieds von Straßburg. Symposion Santiago de Compostela, 5. bis 8. April 2000, Tübingen 2002, 339–356.

—, Gottfried von Straßburg, dritte, neu bearb. und erw. Aufl. Berlin 2013.

—, Empathisches Erzählen und Katharsis in Gottfrieds *Tristan*, in: DVjs 88 (2014), 273–296.

Hübner, Gert, Frauenpreis. Studien zur Funktion der laudativen Rede in der mittelhochdeutschen Minnekanzone, 2 Bde., Baden-Baden 1996.

—, Erzählform im höfischen Roman. Studien zur Fokalisierung im *Eneas*, im *Iwein* und im *Tristan*, Tübingen, Basel 2003.

Hünemörder, Christian, Zur empirischen Grundlage geistlicher Naturdeutung, in: Benedikt K. Vollmann (Hg.), Geistliche Aspekte mittelalterlicher Naturlehre. Symposion 30.11.–2.12.1990, Wiesbaden 1993, 59–68.

Illich, Ivan, Im Weinberg des Textes. Als das Schriftbild der Moderne entstand. Ein Kommentar zu Hugos *Didascalicon*, aus dem Englischen von Ylva Eriksson-Kuchenbuch, Frankfurt am Main 1991.

Jackson, W. T. H., Tristan the Artist in Gottfried's Poem, in: Publication of the Modern Language Association of America 77 (1962) 4, 364–372.

—, Artist and Performance in Gottfried's *Tristan*, in: Tristania 1 (1975/1976), 3–13.

Jaeger, C. Stephen, Medieval Humanism in Gottfried von Strassburg's *Tristan und Isolde*, Heidelberg 1977.

—, On Recent Interpretations of Gottfried's *Tristan*, lines 17 031–17 057, in: Monatshefte 70 (1978), 375–383.

—, Der Schöpfer der Welt und das Schöpfungswerk als Prologmotiv in der mittelhochdeutschen Dichtung, in: ZfdA 107 (1978), 1–18.

—, Höfisches Fest und Hofästhetik in Gottfrieds *Tristan*. Die Dichterschau als Zelebration, in: Wolfgang Harms, Klaus Speckenbach (Hg.), Bildhafte Rede in Mittelalter und früher Neuzeit. Probleme ihrer Legitimation und ihrer Funktion, Tübingen 1992, 197–216.

Jauß, Hans Robert, Allegorese, Remythisierung und neuer Mythos. Bemerkungen zur christlichen Gefangenschaft der Mythologie im Mittelalter, in: Manfred Fuhrmann (Hg.), Terror und Spiel, München 1971, 187–209.

Jütte, Robert, Abbild und soziale Wirklichkeit des Bettler- und Gaunertums zu Beginn der Neuzeit. Sozial-, mentalitäts- und sprachgeschichtliche Studien zum *Liber Vagatorum* (1510), Köln 1988.

Jupé, Wolfgang, Die ‚List' im Tristanroman Gottfrieds von Straßburg. Intellektualität und Liebe oder die Suche nach dem Wesen der individuellen Existenz, Heidelberg 1976.

Kästner, Hannes, Harfe und Schwert. Der höfische Spielmann bei Gottfried von Straßburg, Tübingen 1981.

Kaminski, Nicola, Zeichenmacht. Gottfrieds *Tristan*, in: Oxford German Studies 37 (2008), 3–26.

Karg, Ina, Die Markefigur im *Tristan*. Versuch über die literaturgeschichtliche Position Gottfrieds von Straßburg, in: ZfdPh 113 (1994), 66–87.

Karrer, Martin, Von David zu Christus, in: Walter Dietrich, Hubert Herkommer (Hg.), König David – biblische Schlüsselfigur und europäische Leitgestalt. 19. Kolloquium der Schweizerischen Akademie der Geistes- und Sozialwissenschaften, Freiburg/Schweiz u. a. 2003, 327–365.

Kellermann, Karina, *und vunden vür ir herren da einen zerstucketen man*. Körper, Kampf und Kunstwerk im *Tristan*, in: Christoph Huber, Victor Millet (Hg.), Der *Tristan* Gottfrieds von Straßburg. Symposion Santiago de Compostela, 5. bis 8. April 2000, Tübingen 2002, 131–152.

Kellner, Beate, ‚Vindelse'. Konturen von Autorschaft in Frauenlobs ‚Selbstrühmung' und im ‚wîp-vrouwe-Streit', in: Elizabeth Andersen, Jens Haustein, Anne Simon, Peter Strohschneider (Hg.), Autor und Autorschaft im Mittelalter. Kolloquium Meißen 1995, Tübingen 1998, 255–276.

—, Eigengeschichte und literarischer Kanon. Zu einigen Formen der Selbstbeschreibung in der volkssprachlichen-deutschen Literatur des Mittelalters, in: Beate Kellner, Ludger Lieb, Peter Strohschneider (Hg.), Literarische Kommunikation und soziale Interaktion. Studien zur Institutionalität mittelalterlicher Literatur, Frankfurt am Main u. a. 2001, 153–182.

—, Peter Strohschneider, Poetik des Krieges. Eine Skizze zum ‚Wartburgkrieg'-Komplex, in: Manuel Braun, Christopher Young (Hg.), Das fremde Schöne. Dimensionen des Ästhetischen in der Literatur des Mittelalters, Berlin, New York 2007, 335–356.

—, Spiel der Liebe im Minnesang, Paderborn 2018.

—, Herrscherpreis und Herrscherkritik. König Philipp in den Sangsprüchen Walthers von der Vogelweide, in: Mechthild Albert, Elke Brüggen, Konrad Klaus (Hg.), Die Macht des Herrschers. Personale und transpersonale Aspekte, Göttingen 2019, 313–350.

Kemper, Hans-Georg, Allegorische Allegorese. Zur Bildlichkeit und Struktur mystischer Literatur (Mechthild von Magdeburg und Angelus Silesius), in: Walter Haug (Hg.), Formen und Funktionen der Allegorie. Symposion Wolfenbüttel 1978, 90–125.

Kern, Manfred, Edle Tropfen vom Helikon. Zur Anspielungsrezeption der antiken Mythologie in der deutschen höfischen Lyrik und Epik von 1180–1300, Amsterdam, Atlanta 1998.

—, Isolde, Helena und die Sirenen: Gottfried von Straßburg als Mythograph, in: Oxford German Studies 29 (2000), 1–30.

—, Sirenes, in: ders., Alfred Ebenbauer (Hg.), Lexikon der antiken Gestalten in den deutschen Texten des Mittelalters, Darmstadt 2003, 582–586.

—, Weltflucht. Poesie und Poetik der Vergänglichkeit in der weltlichen Dichtung des 12.–15. Jahrhunderts, Berlin, Boston 2009.

Kern, Peter, Sympathielenkung im *Tristan* Gottfrieds von Straßburg, in: Danielle Buschinger (Hg.), Sammlung – Deutung – Wertung. Ergebnisse, Probleme, Tendenzen und Perspektiven philologischer Arbeit. Festschrift für Wolfgang Spiewok zum 60. Geburtstag, Amiens 1988, 205–217.

—, Gottfried von Straßburg und Ovid, in: Márta Nagy u. a. (Hg.), *swer sînen vriunt behaltet, daz ist lobelîch*. Festschrift für Andras Vizkelety, Budapest 2001, 35–49.

Kessel, Raffaela, Die Motive der galloromanischen Pastourellentradition in der deutschsprachigen Literatur des Mittelalters, Berlin, Boston 2021.

Kesting, Peter, Maria–Frouwe. Über den Einfluß der Marienverehrung auf den Minnesang bis Walther von der Vogelweide, München 1965.

Keuchen, Rolf, Typologische Strukturen im *Tristan*. Ein Beitrag zur Erzähltechnik Gottfrieds von Straßburg, Diss. Köln 1975.

Kiening, Christian, Ästhetik des Liebestods. Am Beispiel von *Tristan* und *Herzmære*, in: Manuel Braun, Christopher Young (Hg.), Das fremde Schöne. Dimensionen des Ästhetischen in der Literatur des Mittelalters, Berlin, New York 2007, 171–193.

Kipf, Klaus, Lachte das Mittelalter anders? Relative Alterität und kognitive Kontinuität komischer Strukturen in Schwankerzählungen des 13.–15. Jahrhunderts, in: Manuel Braun (Hg.), Wie anders war das Mittelalter? Fragen an das Konzept der Alterität, Göttingen 2013, 233–263.

Klein, Wolfgang, Wo ist hier? Präliminarien zu einer Untersuchung der lokalen Deixis, in: Linguistische Berichte 58 (1978), 18–40.

Köbele, Susanne, *iemer niuwe*. Wiederholung in Gottfrieds *Tristan*, in: Christoph Huber, Victor Millet (Hg.), Der *Tristan* Gottfrieds von Straßburg. Symposion Santiago de Compostela, 5. bis 8. April 2000, Tübingen 2002, 97–115.

—, Mythos und Metapher. Die Kunst der Anspielung in Gottfrieds *Tristan*, in: Udo Friedrich, Bruno Quast (Hg.), Präsenz des Mythos. Konfigurationen einer Denkform in Mittelalter und Früher Neuzeit, Berlin, New York 2004, 219–246.

—, Bruno Quast (Hg.), Literarische Säkularisierung im Mittelalter, Berlin, New York 2014.

Kohwagner-Nikolai, Tanja, Sternenmantel Kaiser Heinrichs, in: Matthias Exner (Hg.), Die Kunstdenkmäler von Bayern. Regierungsbezirk Oberfranken IV. Stadt Bamberg, Bd. II, Bamberg, München 2015, 1403–1404.

Kolb, Herbert, Über den Epiker Bligger von Steinach. Zu Gottfrieds *Tristan* vv. 4691–4722, in: DVjs 36 (1962), 507–520.

—, *Der Minnen hus*. Zur Allegorie der Minnegrotte in Gottfrieds *Tristan*, in: Euphorion 56 (1962), 229–247 [wieder in: Alois Wolf (Hg.), Gottfried von Straßburg, Darmstadt 1973, 305–333].

—, ‚Der ware Elicon.' Zu Gottfrieds *Tristan* vv. 4862–4907, in: DVjs 41 (1967), 1–26 [wieder in: Alois Wolf (Hg.), Gottfried von Straßburg, Darmstadt 1973, 453–488].

—, Der Hof und die Höfischen. Bemerkungen zu Gottfried von Straßburg, in: ZfdA 106 (1977), 236–252.

Kolerus, Alexander, *Aula memoriae*. Zu Gestalt und Funktion des Gedächtnisraums im *Tristan* Gottfrieds von Straßburg und im mittelhochdeutschen *Prosa-Lancelot*, Frankfurt am Main u. a. 2006.

Kragl, Florian, Gottfrieds Ironie. Sieben Kapitel über figurenpsychologischen Realismus im *Tristan*. Mit einem Nachspruch zum *Rosenkavalier*, Berlin 2019.

Krohn, Rüdiger, *daz si totfuorgiu tier sint*. Sirenen in der mittelalterlichen Literatur, in: Ulrich Müller, Werner Wunderlich (Hg.), Dämonen, Monster, Fabelwesen, St. Gallen 1999, 545–563.

Küsters, Urban, Liebe zum Hof. Vorstellungen und Erscheinungsformen einer ‚höfischen' Lebensordnung in Gottfrieds *Tristan*, in: Gert Kaiser, Jan-Dirk Müller (Hg.), Höfische Literatur – Adelsgesellschaft. Lebensformen um 1200. Kolloquium im Zentrum für interdisziplinäre Forschung der Universität Bielefeld (3.–5. November 1983), Düsseldorf 1986, 141–175.

Lanz-Hubmann, Irene, *Nein unde jâ*. Mehrdeutigkeit im *Tristan* Gottfrieds von Straßburg: Ein Rezipientenproblem, Bern u. a. 1989.

Largier, Niklaus, Liebe als Medium der Transgression. Überlegungen zur Affektgemeinschaft und Habitusformung in Gottfrieds *Tristan* (mit einer Anmerkung zur Hohelied-Mystik), in: Alois Hahn, Gert Melville, Werner Röcke (Hg.), Norm und Krise von Kommunikation. Inszenierungen literarischer und sozialer Interaktion. Festschrift für Peter von Moos, Berlin 2006, 209–224.

Lerchner, Karin, *Lectulus floridus*. Zur Bedeutung des Bettes in Literatur und Handschriftenillustration des Mittelalters, Köln, Weimar, Wien 1993.

Lieb, Ludger, Ein neuer doppelter Kursus in Hartmanns *Erec* und seine Kontrafaktur in Gottfrieds *Tristan*, in: DVjs 83 (2009), 193–217.

—, Jacob Klingner, Handbuch Minnereden, 2 Bde., Berlin, Boston 2013.

Linden, Sandra, Die Amme der *edelen herzen*. Zum Konzept der *moraliteit* in Gottfrieds *Tristan*, in: Henrike Lähnemann, Sandra Linden (Hg.), Dichtung und Didaxe. Lehrhaftes Sprechen in der deutschen Literatur des Mittelalters, Berlin, New York 2009, 117–133.

—, Exkurse im höfischen Roman, Wiesbaden 2017.

von Lippmann, Edmund Oskar, Entstehung und Ausbreitung der Alchemie. Mit einem Anhange: Zur älteren Geschichte der Metalle. Ein Beitrag zur Kulturgeschichte, Berlin 1919.

Luhmann, Niklas, Die Gesellschaft der Gesellschaft, 2 Teilbde., Frankfurt am Main 1998.

Marenbon, John (Hg.), The Cambridge Companion to Boethius, Cambridge u. a. 2009.

—, Boethius, Oxford 2003.

McLean, Adam, The Book of the Composition of Alchemy, Glasgow 2002.

Meineke, Eckhard, *Deist aller herzen brôt*. Überlegungen zum *Tristan* aus Anlaß der Entdeckung des Thomas-Fragments Carlisle, in: Jens Haustein, ders., Norbert Richard Wolf (Hg.), *Septuaginta quinque*. Festschrift für Heinz Mettke, Heidelberg 2000, 259–283.

Meißburger, Gerhard, Tristan und Isold mit den weißen Händen. Die Auffassung der Minne, der Liebe und der Ehe bei Gottfried von Strassburg und Ulrich von Türheim, Basel 1954.

Mergell, Bodo, Tristan und Isolde. Ursprung und Entwicklung der Tristansage des Mittelalters, Mainz 1949.

Mertens, Volker, Bildersaal – Minnegrotte – Liebestrank. Zu Symbol, Allegorie und Mythos im Tristanroman, in: PBB 117 (1995), 40–64.

—, Klosterkirche und Minnegrotte, in: Nigel F. Palmer, Hans-Jochen Schiewer (Hg.), Mittelalterliche Literatur und Kunst im Spannungsfeld von Hof und Kloster. Ergebnisse der Berliner Tagung, 9.–11. Oktober 1997, Tübingen 1999, 1–16.

—, Wahrheit und Kontingenz in Gottfrieds *Tristan*, in: Cornelia Herberichs, Susanne Reichlin (Hg.), Kein Zufall. Konzeptionen von Kontingenz in der mittelalterlichen Literatur, Göttingen 2010, 186–205.

Meyer-Kalkus, Reinhart, Wollust und Grausamkeit. Affektenlehre und Affektdarstellung in Lohensteins Dramatik am Beispiel von *Agrippina*, Göttingen 1986.

Meyer-Sickendiek, Burkhard, Die Ästhetik der Epigonalität. Theorie und Praxis wiederholenden Schreibens im 19. Jahrhundert. Immermann – Keller – Stifter – Nietzsche, Tübingen u. a. 2001.

Mieth, Dietmar, Dichtung, Glaube und Moral. Studien zur Begründung einer narrativen Ethik. Mit einer Interpretation zum Tristanroman Gottfrieds von Straßburg, Mainz 1976.

Mittler, Elmar, Wilfried Werner (Hg.), *Codex Manesse*. Texte. Bilder. Sachen. Katalog zur Ausstellung vom 12. Juni bis 4. September 1988 Universitätsbibliothek Heidelberg, Heidelberg 1988.

Möllenbrink, Linus, Person und Artefakt. Zur Figurenkonzeption im *Tristan* Gottfrieds von Straßburg, Tübingen 2020.

Moreschini, Claudio, A Christian in Toga. Boethius: Interpreter of Antiquity and Christian Theologian, Göttingen 2014.

Mühlherr, Anna, Unstimmigkeit als Kalkül. Gottfrieds Rühmen und Schelten zu Beginn des poetologischen Exkurses, in: Christoph Huber, Victor Millet (Hg.), Der *Tristan* Gottfrieds von Straßburg. Symposion Santiago de Compostela, 5. bis 8. April 2000, Tübingen 2002, 317–326.

Müller, Jan-Dirk, Lachen – Spiel – Fiktion. Zum Verhältnis von literarischem Diskurs und historischer Realität im *Frauendienst* Ulrichs von Liechtenstein, in: DVjs 58 (1984), 38–73.

—, Die Zeit im *Tristan*, in: Christoph Huber, Victor Millet (Hg.), Der *Tristan* Gottfrieds von Straßburg. Symposion Santiago de Compostela, 5. bis 8. April 2000, Tübingen 2002, 379–397.

—, Gottfried von Straßburg: *Tristan*. Transgression und Ökonomie, in: Gerhard Neumann, Rainer Warning (Hg.), Transgressionen. Literatur als Ethnographie, Freiburg im Breisgau 2003, 213–242.

—, Höfische Kompromisse. Acht Kapitel zur höfischen Epik, Tübingen 2007.

—, Gotteskrieger Tristan?, in: Susanne Köbele, Bruno Quast (Hg.), Literarische Säkularisierung im Mittelalter, Berlin, New York 2014, 39–64.

Müller-Goldingen, Christian, Die Stellung der Dichtung in Boethius' *Consolatio Philosophiae*, in: Rheinisches Museum für Philologie 132 (1989), H. 3–4, 369–395.

Müller-Kleimann, Sigrid, Gottfrieds Urteil über den zeitgenössischen deutschen Roman. Ein Kommentar zu den Tristanversen 4619–4748, Stuttgart 1990.

Nabokov, Vladimir, Die Kunst des Lesens. Cervantes' *Don Quijote*, hg. von Fredson Bowers mit einem Vorwort von Guy Davenport, aus dem Amerikanischen von Friedrich Palakovics, Frankfurt am Main 1971.

Nellmann, Eberhard, Wolfram und Kyot als *vindaere wilder maere*. Überlegungen zu *Tristan* 4619–88 und *Parzival* 453, 1–17, in: ZfdA 117 (1988), 31–67.

—, Der Türverschluß der Minnegrotte (*Tristan* 16 989–17 061), in: Anna Keck, Theodor Nolte (Hg.), *ze hôve und an der strâzen*. Die deutsche Literatur des Mittelalters und ihr ‚Sitz' im Leben. Festschrift für Volker Schupp zum 65. Geburtstag, Stuttgart, Leipzig 1999, 305–310.

Nickel, Emil, Studien zum Liebesproblem bei Gottfried von Straßburg, Königsberg 1927.

Ober, Peter C., Alchemy and the *Tristan* of Gottfried von Straßburg, in: Monatshefte für deutschen Unterricht, deutsche Sprache und Literatur 57 (1965), 321–335.

Obrist, Barbara, Visualization in Medieval Alchemy, in: Hyle. International Journal for Philosophy of Chemistry 9 (2003) 2, 131–170.

Ohly, Friedrich, Typologische Figuren aus Natur und Mythus, in: Walter Haug (Hg.), Formen und Funktionen der Allegorie. DFG-Symposion Wolfenbüttel, Stuttgart 1979, 126–166.

—, Wolframs Gebet an den Heiligen Geist im Eingang des *Willehalm*, in: ZfdA 91 (1961/62), 1–37 [wieder in: Heinz Rupp (Hg.), Wolfram von Eschenbach, Darmstadt 1966, 455–518].

Okken, Lambertus, Kommentar zum *Tristan*-Roman Gottfrieds von Straßburg. Im Anhang: Musik, Aufführungspraxis und Instrumente im *Tristan*-Roman Gottfrieds von Straßburg von Martin van Schaik. Heilkunde im *Tristan*-Roman Gottfrieds von Straßburg von Bernhard Dietrich Haage. 2 Bde., Amsterdam [2]1996.

Osterwold, Tilman (Hg.), Das goldene Zeitalter. Die Geschichte des Goldes vom Mittelalter zur Gegenwart. Katalogbuch zur Ausstellung Württembergischer Kunstverein 23.11.1991–2.3.1992, Ostfildern-Ruit 1991.

Oswald, Marion, Kunst um jeden Preis. Gabe und Gesang in Gottfrieds von Straßburg *Tristan*, in: Beate Kellner, Ludger Lieb, Peter Strohschneider (Hg.), Literarische Kommunikation und soziale Interaktion, Frankfurt am Main u. a. 2001, 129–152.

Patch, Howard R., The Tradition of Boethius. A Study of his Importance in Medieval Culture, New York 1935.

Peschel-Rentsch, Dietmar, Erlesene Liebe. Zum Selbstbewußtsein des Autors in Gotfrits Roman-Fragment von *Tristan und Isolt*, in: ders.: Gott, Autor, Ich. Skizzen zur Genese von Autorbewußtsein und Erzählerfigur im Mittelalter, Erlangen 1991, 180–208.

Philipowski, Silke, Mittelbare und unmittelbare Gegenwärtigkeit. Oder: Erinnern und Vergessen in der Petitcriu-Episode des *Tristan* Gottfrieds von Straßburg, in: PBB 120 (1998), 29–35.

Plessner, Helmuth, Lachen und Weinen. Eine Untersuchung nach den Grenzen des menschlichen Verhaltens, München 1941.

—, Das Lächeln, in: ders.: Lachen und Weinen. Das Lächeln. Anthropologie der Sinne, Frankfurt am Main 1970, 173–186.

—, Zur Anthropologie des Schauspielers, in: Gesammelte Schriften, hg. von Günter Dux, Odo Marquard, Elisabeth Ströker, Bd. 7: Ausdruck und menschliche Natur, Frankfurt am Main 1982, 399–418.

—, Der Mensch im Spiel, in: Gesammelte Schriften, hg. von Günter Dux, Odo Marquard, Elisabeth Ströker, Bd. 8: Conditio humana, Frankfurt am Main 1983, 307–713.

Principe, Lawrence M., The Secrets of Alchemy, Chicago 2013.

Przybilski, Martin, Ichbezogene Affekte im *Tristan* Gottfrieds von Straßburg, in: PBB 126 (2004), 377–397.

Quast, Bruno, Gottfried von Straßburg und das Nichthermeneutische. Über Wortzauber als literarästhetisches Differenzkriterium, in: Ute von Bloh, Friedrich Vollhardt (Hg.), Schlechte Literatur. Mitteilungen des deutschen Germanistenverbandes 51 (2004) H. 3, 250–261.

Ragotzky, Hedda, Studien zur Wolfram-Rezeption. Die Entstehung und Verwandlung der Wolfram-Rolle in der deutschen Literatur des 13. Jahrhunderts, Stuttgart u. a. 1971.

Rahner, Hugo, Griechische Mythen in christlicher Deutung, Zürich 1957.

—, Symbole der Kirche. Die Ekklesiologie der Väter, Salzburg 1964.

Ranke, Friedrich, Die Allegorie der Minnegrotte in Gottfrieds *Tristan*, in: Schriften der Königsberger gelehrten Gesellschaft, Geisteswiss. Klasse 2 (1925), 22–39 [wieder in: Alois Wolf (Hg.): Gottfried von Straßburg, Darmstadt 1973, 1–24].

Rasmussen, Ann Marie, The Female Figures in Gottfried's *Tristan and Isolde*, in: Will Hasty (Hg.), A Companion to Gottfried von Straßburg's *Tristan*, Rochester, NY 2002, 137–157.

Reich, Philip, Der fahrende Schüler als prekärer Typus. Zur Genese literarischer Tradition zwischen Mittelalter und Neuzeit, Berlin, Boston 2021.

Reuvekamp-Felber, Timo, Autorschaft als Textfunktion. Zur Interdependenz von Erzählerstilisierung, Stoff und Gattung in der Epik des 12. und 13. Jahrhunderts, in: ZfdPh 120 (2001), 1–23.

Richardson, John, *Niuwer David, Niuwer Orpheus*: Transformation and Metamorphosis in Gottfried von Straßburg's *Tristan*, in: Tristania 17 (1996), 85–109.

Rocher, Daniel, Gegensätze und/oder Verbindungen? Zur Liebesterminologie im Tristanroman von Béroul bis Gottfried, in: Christoph Huber, Victor Millet (Hg.), Der *Tristan* Gottfrieds von Straßburg. Symposion Santiago de Compostela, 5. bis 8. April 2000, Tübingen 2002, 87–96.

Röcke, Werner, Hans-Rudolf Velten (Hg.), Lachgemeinschaften. Kulturelle Inszenierungen und soziale Wirkungen von Gelächter im Mittelalter und in der frühen Neuzeit, Berlin, New York 2005.

Rolf, Hans, Der Tod in mittelhochdeutschen Dichtungen: Untersuchungen zum *St. Trudperter Hohenlied* und zu Gottfrieds von Straßburg *Tristan und Isolde*, München 1974.

Ruberg, Uwe, Zur Poetik der Eigennamen in Gottfrieds *Tristan*, in: Albrecht Greule, Uwe Ruberg (Hg.), Sprache – Literatur – Kultur. Studien zu ihrer Geschichte im deutschen Süden und Westen. Wolfgang Kleiber zu seinem 60. Geburtstag gewidmet, Stuttgart 1989, 301–320.

Ruska, Julius, *Tabula Smaragdina*. Ein Beitrag zur Geschichte der hermetischen Literatur, Heidelberg 1926.

—, *Turba Philosophorum*. Ein Beitrag zur Geschichte der Alchemie, Berlin 1931.

Salzer, Anselm, Die Sinnbilder und Beiworte Mariens in der deutschen Literatur und lateinischen Hymnenpoesie des Mittelalters. Mit Berücksichtigung der patristischen Literatur. Eine literar-historische Studie, Darmstadt [2]1967 [zuerst Seitenstetten 1886–1894].

Schausten, Monika, Erzählwelten der Tristangeschichte im Hohen Mittelalter. Untersuchungen zu den deutschsprachigen *Tristan*-Fassungen des 12. und 13. Jahrhunderts, München 1999.

—, *ich bin, alse ich hân vernommen, zu wunderlîchen maeren komen*. Zur Funktion biographischer und autobiographischer Figurenrede für die narrative Konstitution von Identität in Gottfrieds von Straßburg *Tristan*, in: PBB 123 (2001), 24–48.

Scheuer, Hans-Jürgen, Farbige Verhältnisse. Zur Topik kultureller und literarischer Farbkonzeption in Texten des 12.–14. Jahrhunderts und bei Heinrich von Kleist, Habil. [masch.] Göttingen 2000.

Schirok, Bernd, Zu den Akrosticha in Gottfrieds *Tristan*. Versuch einer kritischen und weiterführenden Bestandsaufnahme, in: ZfdA 113 (1984), 188–213.

—, Handlung und Exkurse in Gottfrieds *Tristan*. Textebenen als Interpretationsproblem, in: Heinrich Löffler u. a. (Hg.), Texttyp, Sprechergruppe, Kommunikationsbereich. Studien zur deutschen Sprache in Geschichte und Gegenwart. Festschrift für Hugo Steger zum 65. Geburtstag, Berlin, New York 1994, 33–51.

Schmid-Cadalbert, Christian, Der *Ortnit AW* als Brautwerbungsdichtung: ein Beitrag zum Verständnis mittelhochdeutscher Schemaliteratur, Bern 1985.

Schmitz-Esser, Romedio, Der Leichnam im Mittelalter. Einbalsamierung, Verbrennung und die kulturelle Konstruktion des toten Körpers, Ostfildern 2014.

Schneider, Almut, Poetik des Klangs. Dichtkunst und Diskurs der *musica* in Texten des deutschen Mittelalters, Habil. [masch.] Eichstätt 2012.

—, Vielfarbige Klänge. Liebesgaben im poetologischen Diskurs der ‚Synästhesie', in: Margreth Egidi, Ludger Lieb, Mireille Schnyder, Moritz Wedell (Hg.), Liebesgaben. Kommunikative, performative und poetologische Dimensionen in der Literatur des Mittelalters und der frühen Neuzeit, Berlin 2012, 313–328.

—, Das Gewebe der Sprache. Poetische Kreativität bei Gottfried von Straßburg und Konrad von Würzburg, in: Elisabeth Dutton, Martin Rohde (Hg.), Medieval Theories of the Creative Act. Théories médievales de l'acte créatif. Theorien des kreativen Akts im Mittelalter, Fribourg Colloquium 2015, Wiesbaden 2017, 87–102.

—, *die diner clage wunden mit troste wollen heilen*. Harmonia als heilende Kraft in allegorischer Lehrdichtung, in: Tobias Bulang, Regina Toepfer (Hg.), Heil und Heilung. Die Kultur der Selbstsorge in der Kunst und Literatur des Mittelalters und der frühen Neuzeit, Heidelberg 2020, 63–80.

Schnell, Rüdiger, Gottfrieds *Tristan* und die Institution der Ehe, in: ZfdPh 101 (1982), 334–369.

—, Abaelards Gesinnungsethik und die Rechtsthematik in Hartmanns *Iwein*, in: DVjs 65 (1991), 15–69.

—, Suche nach Wahrheit. Gottfrieds *Tristan und Isold* als erkenntniskritischer Roman, Tübingen 1992.

—, *Curialitas* und *dissimulatio* im Mittelalter. Zur Interdependenz von Hofkritik und Hofideal, in: Zeitschrift für Literaturwissenschaft und Linguistik 41 (2011), 77–138.

Schnyder, Mireille, Räume der Kontingenz, in: Cornelia Herberichs, Susanne Reichlin (Hg.), Kein Zufall. Konzeptionen von Kontingenz in der mittelalterlichen Literatur, Göttingen 2010, 174–185.

Scholte, Jan Hendrik, Gottfrieds Initialienspiel, in: PBB 65 (1942), 280–302 [wieder in: Alois Wolf (Hg.), Gottfried von Straßburg, Darmstadt 1973, 74–96].

Schott, Heinz, Heil und Heilung. Zur Ideengeschichte der Alchemie in der frühen Neuzeit, in: Petra Feuerstein-Herz, Stefan Laube (Hg.), Goldenes Wissen. Die Alchemie – Substanzen, Synthesen, Symbolik, Wiesbaden 2016, 99–110.

Schröder, Werner, Das Hündchen Petitcreiu im *Tristan* Gotfrids von Straßburg, in: Rainer Schönhaar (Hg.), Dialog. Literatur und Literaturwissenschaft im Zeichen deutsch-französischer Begegnung. Festgabe für Josef Kunz, Berlin 1973, 32–42.

Schütt, Hans-Werner, Auf der Suche nach dem Stein der Weisen. Die Geschichte der Alchemie, München 2000.

Schulze, Ursula, Literarkritische Äußerungen im *Tristan* Gottfrieds von Straßburg, in: PBB 88 (1967), 285–310 [wieder in: Alois Wolf (Hg.), Gottfried von Straßburg, Darmstadt 1973, 489–517].

Schweikle, Günther, Zum Minnetrank in Gottfrieds *Tristan*. Ein weiterer Annäherungsversuch, in: Waltraud Fritsch-Rößler, Liselotte Homering (Hg.), *ûf der mâze pfat*. Festschrift für Werner Hoffmann zum 60. Geburtstag, Göppingen 1991, 135–148.

Seeber, Stefan, *Ein vriuntlîchez zornelîn*. Zu den Freundschaftsdarstellungen in den deutschen Tristanbearbeitungen des 12. und 13. Jahrhunderts, in: Oxford German Studies 36 (2007), 268–283.

—, Poetik des Lachens. Untersuchungen zum mittelhochdeutschen Roman, Berlin, New York 2010.

Semmler, Hartmut, Listmotive in der mittelhochdeutschen Epik. Zum Wandel ethischer Normen im Spiegel der Literatur, Berlin 1991.

Simon, Ralf, Thematisches Programm und narrative Muster im *Tristan* Gottfrieds von Straßburg, in: ZfdPh 109 (1990), 354–380.

Speckenbach, Klaus, Der Eber in der deutschen Literatur des Mittelalters, in: Hans Fromm, Wolfgang Harms, Uwe Ruberg (Hg.), *Verbum et Signum*. Friedrich Ohly zum 60. Geburtstag, Bd. 1, München 1975, 425–476.

Stein, Peter K., Tristans Schwertleite. Zur Einschätzung ritterlich-höfischer Dichtung durch Gottfried von Straßburg, in: DVjS 51 (1977), 300–350.

Steinmetz, Ralph Henning, Komik in der mittelalterlichen Literatur. Überlegungen zu einem methodischen Problem am Beispiel des *Helmbrecht*, in: GRM 49 (1999), 255–273.

Stökle, Ulrich, Die theologischen Ausdrücke und Wendungen im *Tristan* Gottfrieds von Straßburg, Diss. Tübingen, Ulm 1915.

Stolz, Michael, Sichtweisen des Mittelalters. König David im Bilderzyklus eines Bamberger Psalmenkommentars aus dem 12. Jahrhundert (Bamberg, Staatsbibliothek, Msc. Bibl. 59), in: Walter Dietrich, Hubert Herkommer (Hg.), König David – biblische Schlüsselfigur und europäische Leitgestalt. 19. Kolloquium der Schweizerischen Akademie der Geistes- und Sozialwissenschaften, Freiburg/Schweiz u. a. 2003, 497–530.

Strohschneider, Peter, Kemenate. Geheimnisse höfischer Frauenräume bei Ulrich von dem Türlin und Konrad von Würzburg, in: Jan Hirschbiegel, Werner Paravicini (Hg.), Das Frauenzimmer – die Frau bei Hofe in Spätmittelalter und früher Neuzeit. Dresden 26.–29. September 1998, Sigmaringen 2000, 29–45.

Tax, Petrus W., Wort, Sinnbild, Zahl im Tristanroman. Studien zum Denken und Werten Gottfrieds von Straßburg, zweite, durchges. Aufl., Berlin 1971.

Toepfer, Regina, Kinderlosigkeit. Ersehnte, verweigerte und bereute Elternschaft im Mittelalter, Stuttgart, Weimar 2020.

Tomasek, Tomas, Die Utopie im *Tristan* Gotfrids von Straßburg, Tübingen 1985.

—, Gottfried von Straßburg. Mit 15 Abbildungen, Stuttgart 2007.

Touber, Anton H., Gottfrieds *Tristan* und der Minnesang, in: André Crépin, Wolfgang Spiewok (Hg.), Tristan – Tristrant. Mélanges en l'honeur de Danielle Buschinger à l'occasion de son 60ème anniversaiere. Tristan – Tristrant. Festschrift für Danielle Buschinger zum 60. Geburtstag, Greifswald 1996, 513–519.

Trînca, Beatrice, Dichter als inspirierte Handwerker? Bligger von Steinach und Gottfried von Straßburg, in: Corinna Laude, Gilbert Heß (Hg.), Konzepte von Produktivität im Wandel vom Mittelalter in die frühe Neuzeit, Berlin 2008, 45–66.

—, Schweigen und lieben, oder: Was spricht die Nachtigall? Anmerkungen zu Gottfrieds *Tristan*, *Le donei des amanz* und Chrétiens *Philomena*, in: Dorothea Klein (Hg.), Vom Verstehen deutscher Texte des Mittelalters aus der europäischen Kultur. Hommage à Elisabeth Schmid, Würzburg 2011, 83–106.

Trost, Vera, Gold und Silber in mittelalterlichen Handschriften – Technische Anweisungen für Maler und Schreiber, in: Tilman Osterwold (Hg.), Das goldene Zeitalter. Die Geschichte des Goldes vom Mittelalter zur Gegenwart. Katalogbuch zur Ausstellung Württembergischer Kunstverein 23.11.1991–2.3.1992, Ostfildern-Ruit 1991, 253–260.

Urbanek, Ferdinand, Die drei Minne-Exkurse im *Tristan* Gottfrieds von Straßburg, in: ZfdPh 98 (1979), 344–371.

Vetter, Ewald M., *Mulier amicta sole* und *Mater salvatoris*, in: Münchener Jahrbuch der bildenden Kunst 3 (1958/59), 32–72.

Voß, Rudolf, Subjektive und objektive Motivation. Zur epischen Struktur und zum weltanschaulichen Problemgehalt des *Tristan* Gottfrieds von Straßburg, in: Albrecht Greule, Uwe Ruberg (Hg.), Sprache – Literatur – Kultur. Studien zu ihrer Geschichte im deutschen Süden und Westen. Wolfgang Kleiber zu seinem 60. Geburtstag gewidmet, Stuttgart 1989, 321–336.

Wachinger, Burghart, Geistliche Motive und geistliche Denkformen in Gottfrieds *Tristan*, in: Christoph Huber, Victor Millet (Hg.), Der *Tristan* Gottfrieds von Straßburg. Symposion Santiago de Compostela, 5. bis 8. April 2000, Tübingen 2002, 243–255.

Walther, Ingo F., Codex Manesse. Die Miniaturen der Großen Heidelberger Liederhandschrift, Frankfurt am Main 1988.

Warning, Rainer, Erzählen im Paradigma. Kontingenzbewältigung und Kontingenzexposition, in: Romanistisches Jahrbuch 52 (2001), 176–209.

—, Die narrative Lust an der List. Norm und Transgression im *Tristan*, in: Gerhard Neumann, ders. (Hg.), Transgressionen. Literatur als Ethnographie, Freiburg im Breisgau 2003, 175–212.

Weber, Gottfried, Gottfrieds von Straßburg *Tristan* und die Krise des hochmittelalterlichen Weltbildes um 1200, 2 Bde., Stuttgart 1953.

Wells, David A., Die Allegorie als Interpretationsmittel mittelalterlicher Texte. Möglichkeit und Grenzen, in: Wolfgang Harms u. a. (Hg.), Bildhafte Rede in Mittelalter und früher Neuzeit, Tübingen 1992, 1–23.

Wenzel, Horst, Negation und Doppelung. Poetische Experimentalformen von Individualgeschichte im *Tristan* Gottfrieds von Straßburg, in: Thomas Cramer (Hg.), Wege in die Neuzeit, München 1988, 229–251.

—, Die Zunge der Brangäne, oder: Die Sprache des Hofes, in: Danielle Buschinger (Hg.), Sammlung – Deutung – Wertung. Ergebnisse, Probleme, Tendenzen und Perspektiven philologischer Arbeit. Festschrift für Wolfgang Spiewok zum 60. Geburtstag, Amiens 1988, 357–367.

—, Öffentlichkeit und Heimlichkeit in Gottfrieds *Tristan*, in: ZfdPh 107 (1988), 335–361.

Wessel, Franziska, Probleme der Metaphorik und die Minnemetaphorik in Gottfrieds von Straßburg *Tristan und Isolde*, München 1984.

Willms, Eva, *der lebenden brôt*. Zu Gottfried von Straßburg *Tristan* 238 (240), in: ZfdA 123 (1994), 19–44.

Windfuhr, Manfred, Der Epigone. Begriff, Phänomen und Bewußtsein, in: Archiv für Begriffsgeschichte 4 (1959), 182–209.

Wismer, Beat, Dedo von Kerssenbrock-Krosigk, Sven Dupré (Hg.), Kunst und Alchemie. Das Geheimnis der Verwandlung, München 2014.

Wittekind, Susanne, Heiligen- und Reliquienverehrung in staufischer Zeit, in: Matthias Puhle, Claus-Peter Hasse (Hg.), Heiliges Römisches Reich Deutscher Nation 926–1806. Von Otto dem Großen bis zum Ausgang des Mittelalters. 29. Ausstellung des Europarates in Magdeburg und Berlin und Landesausstellung Sachsen-Anhalt, Bd. 2: Essays, Dresden 2006, 211–221.

Wittstock, Antje, Transmutation und Veredelung in Gottfrieds *Tristan*, in: Peter-André Alt, Jutta Eming, Tilo Renz, Volkhard Wels (Hg.), *Magia daemoniaca, magia naturalis, zouber*. Schreibweisen von Magie und Alchemie in Mittelalter und Früher Neuzeit, Wiesbaden 2015, 101–120.

Wolf, Alois, *diu wâre wirtinne – der wâre Elicon*. Zur Frage des typologischen Denkens in volkssprachlicher Dichtung des Hochmittelalters, in: ABäG 6 (1974), 93–131.

—, Gottfrieds Dichterschau als Versuch einer Neubegründung der deutschen Literatur aus dem Geist der Mythe von Tristan und Isolde, in: Peter K. Stein u. a. (Hg.), Festschrift für Ingo Reiffenstein zum 60. Geburtstag, Göppingen 1988, 397–424.

—, Venus versus Orpheus. Reinmar, Walther, Gottfried und die ‚Renaissance des 12. Jahrhunderts', in: Guntram A. Plangg, Eugen Thurnherr (Hg.), Sprache und Dichtung in Vorderösterreich, Innsbruck 2000, 75–98.

Worstbrock, Franz Josef, Der Zufall und das Ziel. Über die Handlungsstruktur in Gottfrieds *Tristan*, in: Walter Haug und Burghart Wachinger (Hg.), Fortuna, Tübingen 1995, 34–51.

Wüstenfeld, Ferdinand, Die Übersetzungen arabischer Werke in das Lateinische seit dem XI. Jahrhundert, Göttingen 1877.

Wyss, Ulrich, Tristan und die ‚Nachtigallen', in: Christoph Huber, Victor Millet (Hg.), Der *Tristan* Gottfrieds von Straßburg. Symposion Santiago de Compostela, 5. bis 8. April 2000, Tübingen 2002, 327–338.

Young, Christopher, Der Minnetrank als Literarisierungsprozeß bei Gottfried von Straßburg. Funktion, Religion und Rhetorik, in: Christoph Huber, Victor Millet (Hg.), Der *Tristan* Gottfrieds von Straßburg. Symposion Santiago de Compostela, 5. bis 8. April 2000, Tübingen 2002, 257–279.

Zimmermann, Julia, *Si forhte, daz ein ander wîp in schiede von ir minne*. Triangulāres Begehren und Eifersucht in der Ovidrezeption Konrads von Würzburg, in: Margreth Egidi (Hg.), Figuren des Dritten im höfischen Roman, Oldenburg 2020, 15–50.

Zotz, Nicola, Sprache des Hofes – Sprache der Liebe. Französisch als Sprache der Distanz im *Tristan*, in: Christoph Huber, Victor Millet (Hg.), Der *Tristan* Gottfrieds von Straßburg. Symposion Santiago de Compostela, 5. bis 8. April 2000, Tübingen 2002, 117–129.